1

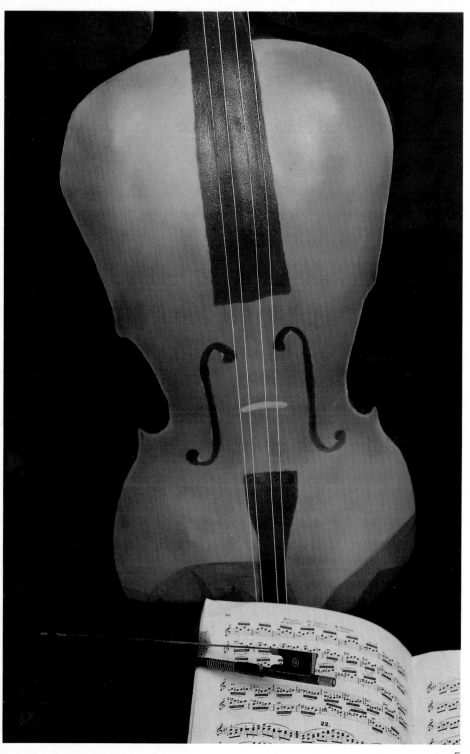

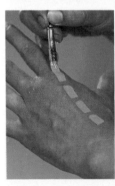

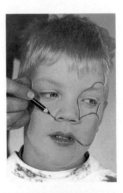

Water make-up
Dun basis aanbrengen, cake make-up /
Aftekenen, make-up potlood / Grote
vlakken deppend aanbrengen, vochtig
sponsje / Make-up lekker papperig
maken, water / Vlakken zetten, plat
penseel R6 of M6, lijnen zijkant penseel
/ Dunne lijnen M1 of M2.

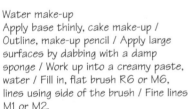

Water make-up
Apply base thinly, cake make-up /
Outline, make-up pencil / Apply large
surfaces by dabbing with a damp
sponge / Work up into a creamy paste,
water / Fill in, flat brush R6 or M6,
lines using side of the brush / Fine lines
M1 or M2.

Water Make-up.
Base dünn auftragen, Cake Make-up /
Umrahmung, Make-up Stift / Große
Flächen tupfend mit feuchtem
Schwamm auftragen / Make-up wie
cremige Paste aufarbeiten, Wasser /
Ausfüllen, flacher Pinsel R6 oder M6,
für Linien Pinsel seitlich nehmen / Feine
Linien, M1 oder M2.

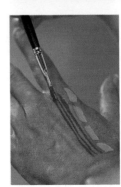

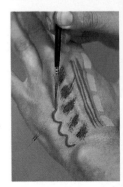

Water make-up
Tunn grundfärg, cake make-up /
Markera med sminkpenna/Måla
större områden med fuktig svamp /
Färgen skall ha en konsistens som
grädde, använd vatten / För utfyllnad
använd flat pensel R6 eller M6, till
linjer används sidan av penseln.

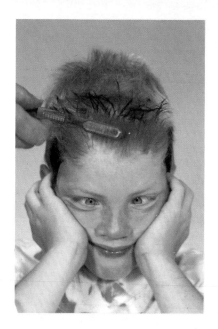

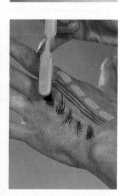

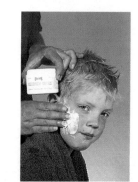

Juiste vochtigheid stoppelsponsje bepalen / Haar kleuren, tandenborstel / Klein beetje op schoteltje mengen / Luchtig wassen. Gevoelige huid, cleansing cream.

Verify right moistness of stubble sponge / Colour hair, toothbrush / Mix a small quantity on a saucer / Wash lightly. Sensitive skin, cleansing cream.

Den Stoppelschwamm auf die richtige Feuchtigkeit bringen / Haare färben, Zahnbürste / Eine kleine Menge auf Untertasse mixen / Leicht abwaschen. Sensible Haut, Cleansing Cream.

Prova skäggstubbssvampens fuktighet / Färga håret med tandborste / Blanda färger på tallrik / Tvätta varsamt / För känslig hud, cleansing cream.

13

Fluor make-up dekt minder dan water make-up. Fluor make-up op een basis van bij voorkeur witte cake make-up geeft wel goede resultaten.

Fluor make-up does not cover as well as water make-up. For better results use a base of preferrably white cake make-up.

Fluor Make-up deckt nicht so gut wie Water Make-up. Gute Ergebnisse erziehlt man mit der Anwendung von Fluor Make-up auf vorzugsweise weißen Cake Make-up.

Fluorescerande färger täcker inte lika bra som vattensminket. Effekten förbättras av att först lägga ett lager vit cake make-up.

Make-up na gebruik reinigen / Lege napjes van paletten met mesje bijvullen / Water make-up in kleding met zeep of voorwasmiddel verwijderen. Dus niet in de wasmachine!

Clean make-up after use / Fill empty cups of palettes with a knife / To remove water make-up from clothing wash by hand with soap or prewashing powder. Not in the washing machine!

Make-up nach Gebrauch reinigen / Leere Töpfe von Palette mit Messer füllen / Entfernen von Water Make-up aus Kleidung, Handwäsche mit Seife oder Vorwaschpulver. Nicht in der Waschmaschine !

Rengör sminket efter användning / Påfyllning av paletten, använd kniv och spatla över / Vattensmink tvättas bort från tyg med handtvätt, såpa eller biotex, inte maskintvätt.

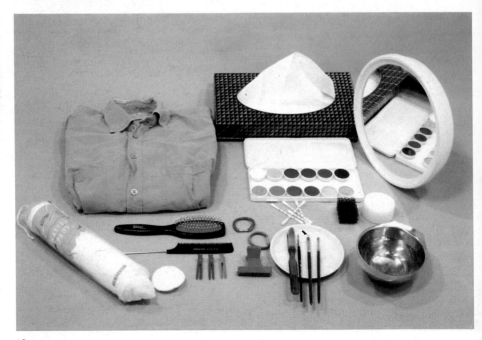

Werken met cake- en water make-up. Huid reinigen, cleansing lotion. Bij droge huid dun under make-up base aanbrengen / Make-up sponsje nat maken en niet te hard uitknijpen / Cake make-up eerst op hand testen i.v.m. zwaarte / Cake make-up aanbrengen, 1004 / Voorhoofd en neusbrug, 1075.

Using cake- and water make-up. Cleanse skin, cleansing lotion. In case of dry skin apply under make-up base thinly / Moisten make-up sponge and squeeze softly / First check right amount of cake make-up on the hand / Apply cake make-up, 1004 / Forehead and top of the nose, 1075.

Gebrauch von Cake- und Water Make-up. Gesicht reinigen, Cleansing Lotion / Bei trockener Haut Under Make-up Base dünn auftragen / Schwamm anfeuchten und sanft ausdrücken / Die richtige Menge Cake Make-up erst auf der Haut testen / Cake Make-up auftragen, 1004 / Stirn und Nasenspitze 1075.

Användning av cake- och water make-up. Rengör huden, cleansing lotion. Vid torr hud lägges ett tunt lager under make-up base / Fukta svampen och krama ur lätt / Pröva rätt mängd cake make-up på handen / lägg på cake make-up, 1004 / Panna och näsrygg, 1075.

Jukbeen en slapen, rouge 560,
rouge-borstel 10 / Neus en bovenlip water
make-up 101, penseel M4 / Snuit, water
make-up 001, penseel M8 / Snorharen en
stippen, 101, penseel M2.

Cheekbone and temples, rouge 560,
rouge-brush 10 / Nose and upper lip water
make-up 101, brush M4 / Snout, water
make-up 001, brush M8 / Whiskers and
dots, 101, brush M2.

Jochbein und Schläfen, Rouge 560,
Rouge-Pinsel Nr. 10 / Nase und Oberlippe,
Water Make-up 101, Pinsel M4 /
Schnauze, Water Make-up 001, Pinsel
M8 / Schnurrhaare und Punkte, 101,
Pinsel M2.

Kindben och tinningar, rouge 560,
rougepensel10 / Näsa och överläpp, water
make-up 101, pensel M4 / Nospartiet,
water make-up 001, pensel M8 /
Morrhår och prickar, 101, pensel M2.

Ogen omlijnen, 101 / Blokjes op voorhoofd, 1040, penseel M8 / Haar kleuren, tandenborstel, penseel M8 / Onderlip, 501.

Outline the eyes, 101 / Blocks on forehead, 1040, brush M8 / Colour hair, toothbrush, brush M8 / Lower lip, 501.

Augen umrahmen, 101 / Streifen auf Stirn, 1040, Pinsel M8 / Haare färben, Zahnbürste, Pinsel M8 / Unterlippe, 501.

Sneda ögon, 101 / Fyrkanter i pannan, 1040, pensel M8 / Hårfärgning, tandborste, pensel M8 / Underläpp, 501.

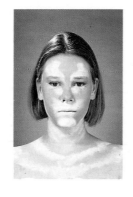

**Tijger.**
Basis, cake make-up 001, 1075 /
Donkere lijnen, water make-up 1001, 101,
penseel M6.

**Tiger.**
Base, cake make-up 001, 1075 / Dark
lines, water make-up 1001, 101, brush
M6.

**Tiger.**
Basis, Cake Make-up 001, 1075 / Dunkle
Linien, Water Make-up 1001, 101, Pinsel
M6.

**Tiger.**
Stora partier, cake make-up 001, 1075 /
Mörka linjer, strimmor, water make-up
1001, 101, pensel M6

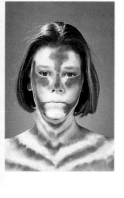

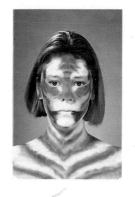

Beertje.
Basis cake make-up 1004 / Neus, ogen
en bovenlip water make-up 1001 / Snuit,
water make-up 001 / Lijnen, 101-501.

Little bear.
Base, cake make-up 1004 / Nose, eyes
and upper lip water make-up 1001 /
Snout, water make-up 001 / Lines, 101.

Kleiner Bär.
Basis, Cake Make-up 1004 / Nase,
Augen und Oberlippe, Water Make-up
1001 / Schnauze, Water Make-up 001 /
Linien, 101.

Liten björn
Grundfärg, cake make-up 1004 / Näsa,
ögon och överläpp, water make-up 1001 /
Nos, water make-up 001 / Linjer, 101.

Panter.
Basis, cake make-up 001-1004-1075 /
Belijning ogen, neus en mond, water
make-up 101, penseel M2 / Onder de
neus, onderlip 502 / Stippen, 101,
penseel R6.

Panther.
Base, cake make-up 001-1004-1075 /
Outline eyes, nose and mouth, water
make-up 101, brush M2 / Under nose
and lower lip, 502 / Dots, 101, brush R6.

Panther.
Basis, Cake Make-up 001-1004-1075 /
Augen, Nase und Mund-Umrahmung,
Water Make-up 101, Pinsel M2 / Unter
die Nase und Unterlippe, 502 / Punkte,
101, Pinsel R6.

Panter
Grundfärg, cake make-up 001, 1004,
1075 / Sneda ögon, näsa och mun,
water make-up 101, pensel M2 / Under
näsan och underläpp, 502 / Prickar, 101,
pensel R6.

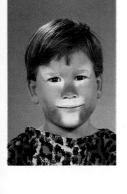

# GRIMAS

**Poes.**
Basis, cake make-up 001, 1075, W5 /
Neus, mond en ogen, water make-up 101
/ Snuit en boven ogen 001 / Lijnen,
001-101-501 / Haar inkleuren,
tandenborstel, 503.

**Cat.**
Base, cake make-up 001, 1075, W5 /
Nose, mouth and eyes, water make-up
101 / Snout and above the eyes 001 /
Lines, 001-101-501 / Colour hair,
toothbrush, 503.

**Katze.**
Basis, Cake Make-up 001, 1075, W5 /
Nase, Mund und Augen, Water Make-up
101 / Schnauze und über den Augen 001
/ Linien, 001-101-501 / Haar färben,
Zahnbürste, 503.

**Katt**
Grundfärg cake make-up 001, 1075, W5
/ Näsa, mun och ögon, water make-up
101 / Nos och över ögonen, 001 /
Svarta strimmor / Färga hår,
tandborste, 503.

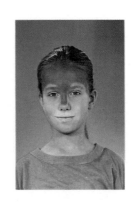

Strip kat.
Basis, cake make-up 001, water make-up 506 / Snuit 001, contouren 506 / Ogen sluiten. Nieuwe ogen tekenen, 203-101-506 / Snorharen en contouren 101.

Cartoon cat.
Base, cake make-up 001, water make-up 506 / Snout 001, outline 506 / Close the eyes. Draw new eyes, 203-101 / Whiskers and outline 101.

Comic Katze.
Basis, Cake Make-up 001, Water Make-up 506 / Schnauze 101, Umrahmung 506 / Augen schließen. Neue Augen malen, 203-101 / Schnurrhaare und Umrahmung 101.

"Seriekatt"
Grundfärg, cake make-up 001, water make-up 506 / Dra konturerna med pensel / Stäng ögonen. Måla nya ögon, 203, 101 / Morrhår, 101.

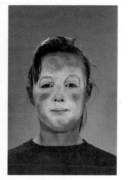

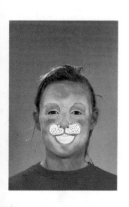

Konijn.
Basis cake make-up 102 / Neus en rond
ogen, water make-up 103 / Haarplukje,
103 / Tanden, ogen, snuit 001 / Omlijnen
101.

Rabbit.
Base cake make-up 102 / Nose and
around the eyes, water make-up 103 /
Tuft of hair, 103 / Teeth, eyes, snout
001 / Outline 101.

Kaninchen.
Basis, Cake Make-up 102 / Nase und
rund um die Augen, Water Make-up 103
/ Haarbüschel, 103 / Zähne, Augen,
Schnauze 001 / Umrahmung 101.

Kanin
Grundfärg, cake make-up, 102 / Näsa
och runt ögonen, water make-up, 103 /
Hårtofs, 103 / Tänder, ögon och nos,
001 / Konturer, 101.

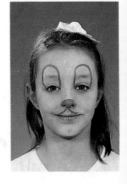

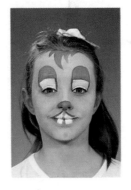

GRIMAS

**Hond.**
Basis, cake make-up DE / Neus en ogen,
water make-up 1001 / Snuit en ogen
invullen, 001 / Tong 501 / Stippen 1001.

**Dog.**
Base, cake make-up DE / Nose and
eyes, water make-up 1001 / Fill in snout
and eyes, 001 / Tongue 501 / Dots 1001.

**Hund.**
Basis, Cake Make-up DE / Nase und
Augen, Water Make-up 1001 / Schnauze
und Augen ausfüllen, 001 / Zunge, 501 /
Flecken, 1001.

**Hund**
Grundfärg, cake make-up DE / Näsa och
ögon, water make-up 1001 / Fyll i nos
och ögon, 001 / Tunga, 501 / Prickar,
1001.

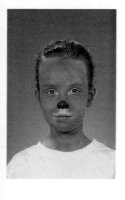

# GRIMAS

Papegaai.
Basis cake make-up W5 / Snavel, water make-up 101-203 / Ogen 101 / Veertjes, 507-001-402, penseel R6.

Parrot.
Base, cake make-up W5 / Beak, water make-up 101-203 / Eyes 101 / Feathers, 507-001-402, brush R6.

Papagei.
Basis, Cake Make-up W5 / Schnabel, Water Make-up 101-203 / Augen, 101 / Federn, 507-001-402, Pinsel R6.

Papegoja
Grundfärg, cake make-up W5 / Näbb, water make-up 101, 203 / Ögon, 101 / Fjädrar, 507, 001, 402, pensel R6.

Vogel.
Basis cake make-up 001-1075 / Vlekken
1040 / Ogen en contouren veren, 001,
101, 303, 405, 503, 504.

Bird.
Base, cake make-up 001-1075 / Spots
1040 / Fyes and contours feathers,
001, 101, 303, 405, 503, 504.

Vogel.
Basis, Cake Make-up 001-1075 / Flecken
1040 / Augen und Federkonturen, 001,
101, 303, 405, 503, 504.

Fågel
Grundfärg, cake make-up 001-1075 /
Fläckar, 1040 / Ögon och fjädrar, 001,
101, 303, 405, 503, 504.

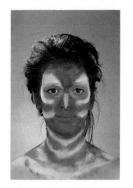

Koe.
Basis cake make-up 001 / Neus, water
make-up 502. Neusgaten 101. Onderlip
en ogen, 001 / Vlekken, water make-up
101, penseel R8 / Bloem 203-403.

Cow.
Base, cake make-up 001 / Nose, water
make-up 502. Nostrils 101. Lower lip and
eyes, 001 / Spots, water make-up 101,
brush R8 / Flower 203-403.

Kuh.
Basis, Cake Make-up 001 / Nase, Water
Make-up 502. Nüstern 101 / Unterlippe
und Augen, 001 / Flecken, Water
Make-up 101, Pinsel R8 / Blume
203-403.

Ko
Grundfärg, cake make-up 001 / Näsa,
water make-up 502. Näsborrar, 101 /
Underläpp och ögon, 001 / Fläckar,
water make-up 101, pensel R8 /
Blomma, 203, 403.

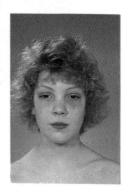

Zebra.
Basis cake make-up 001 / Contouren, neus en strepen, water make-up 101 / Invullen 502.

Zebra.
Base, cake make-up 001 / Outline of nose and stripes, water make-up 101 / Fill in 502.

Zebra.
Basis, Cake Make-up 001 / Umrahmung, Nase, und Streifen, Water Make-up 101 / Ausfüllen 502.

Zebra
Grundfärg, cake make-up 001 / Konturer runt mun, näsa och ränder, water make-up 101 / Fyll i med 502.

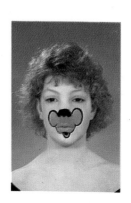

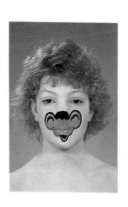

# GRIMAS

Giraffe.
Basis cake make-up 1004 / Contouren rond neus en mond, 1001 / Invullen, water make-up 1040 / Vlekken 1040-1001.

Giraffe.
Base, cake make-up 1004 / Outline nose and mouth, 1001 / Fill in, water make-up 1040 / Spots, 1040-1001.

Giraffe.
Basis, Cake Make-up 1004 / Umrahmung Nase und Mund, 1001 / Ausfüllen, Water Make-up 1040 / Flecken, 1040-1001.

Giraff
Grundfärg, cake make-up 1004 / Konturer runt näsa och mun, 101 / Fyll i med water make-up 1040 / Fläckar 1040, 1001.

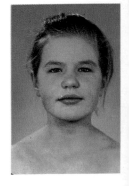
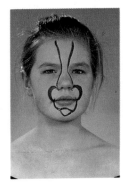
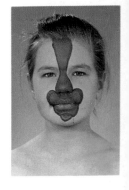

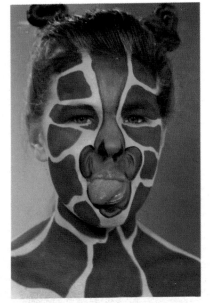

**Lieveheersbeestje.**
Basis cake make-up 001 / Rood invullen, water make-up 505 / Omlijnen en zwarte stippen 101.

**Lady-bird.**
Base, cake make-up 001 / Colour red, water make-up 505 / Outline and black dots 101.

**Marienkäfer.**
Basis, Cake Make-up 001 / Rote Farbe, Water Make-up 505 / Umrahmung und schwarze Punkte 101.

**Nyckelpiga**
Grundfärg, cake make-up 001 / Röd färg, water make-up 505 / Konturer och svarta prickar, 101.

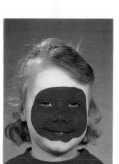

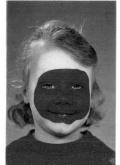

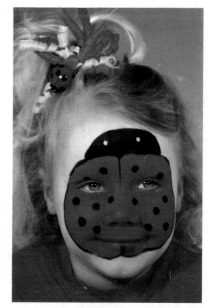

 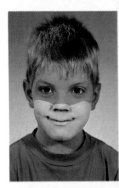

**Kikker.**
Onderkant gezicht en rond ogen, 406 /
Omlijnen, 407 / Contouren en mond
doortekenen, 101 /
Belichting-beschaduwing rond de lippen
001-407 / Ogen 203 / Donkere vlekken
404-101.

**Frog.**
Lower part of the face and around the
eyes, 406 / Outline, 407 / Draw contours
and mouth, 101 / Highlights-shades
around the lips 001-407 / Eyes 203 /
Dark spots 404-101.

**Frosch.**
Untere Gesichtshälfte und um die Augen,
406 / Umrahmung, 407 / Zeichne
Konturen und Mund, 101 /
Aufhellen-Schatten um die Lippen
001-407 / Augen 203 / Dunkle Flecken
404-101.

**Groda**
Nedersta delen av ansiktet och runt
ögonen, 406 / Konturer och mun, 101 /
Ljus och skugga runt läppar, 001, 407 /
Ögon 203 / Mörka fläckar, 404-101.

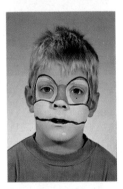 

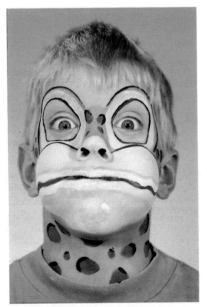

Chimpansee.
Basis cake make-up 1004-1040 / Mond
verbreden, water make-up 101.
Beschaduwen 1001 / Lijnen rond ogen en
mond 1001 / Tussen de lijnen oplichten,
001 / Haar, 101, tandenborstel.

Chimpansee.
Base, cake make-up 1004-1040 /
Broaden mouth, water make-up 101.
Shading 1001 / Outline eyes and mouth,
1001 / Highlights between the lines, 001 /
Hair, 101, oothbrush.

Schimpanse.
Basis, Cake Make-up 1004-1040 /
Verbreiten Mund, Water Make-up 101.
Schatten 1001 / Umrahmung Augen und
Mund, 1001 / Aufhellen zwischen den
Linien, 001 / Haare, 101, Zahnbürste.

Chimpans
Grundfärg, cake make-up 1004 / Kring
ögonen, 1040 / Stor mun, water
make-up 101. Skuggor, 1001 / Konturer
runt ögon och mun, 1001 / Ljust mellan
sträcken 001 / Hår 101, tandborste.

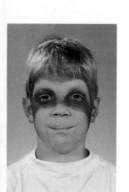

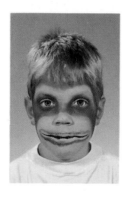

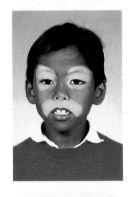

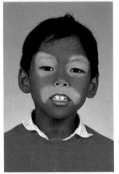
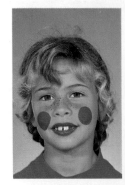

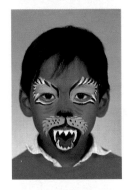
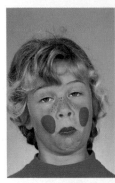

Roodkapje.
Sprookjes worden werkelijkheid wanneer
buurjongetjes als kleurrijke wolven
dochters en grootmoeders bedreigen.

Little Red Riding-hood.
Fairy tales do come true when the boys
next door as colourful wolves threaten
daughters and grandmothers.

Rotkäppchen.
Wenn Nachbarjungs als bunte Wölfe
Töchter und Großmütter bedrohen,
werden Märchen war.

Rödluvan
Äventyret blir till verklighet när grannens
pojke lurar flickan och mormodern, som
färgglad varg.

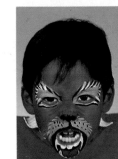

Kabouter.
Witte wolcrêpe baard lijmen met
wateroplosbare mastix (blz. 215) /
Wenkbrauwen, water make-up 001 /
Rouge, water make-up 501 aanbrengen
met de vingers.

Goblin.
Attach white crêpe wool beard with
water-soluble spirit gum (p. 215) /
Eyebrows, water make-up 001 / Rouge,
apply water make-up 501 with the
fingers.

Heinzelmännchen.
Bart aus weißen Wollkrepp mit
wasserlöslichem Mastix ankleben (Seite
215) / Augenbrauen, Water Make-up 001 /
Rouge, Water Make-up 501 mit Fingern
auftragen.

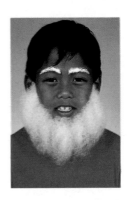

Tomte
Fäst vitt skägg av ullcrepe med
vattenmastix (sid 215) / Ögonbryn,
water make-up 001 / Rouge, lägg water
make-up 501 med fingrarna.

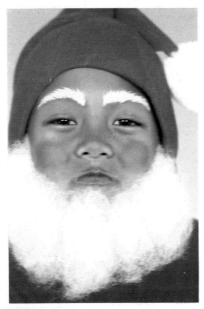

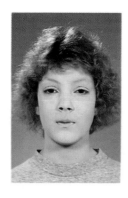

**Heks.**
Basis, water make-up 406 / Lijnen langs neus en oogschaduw, 401 / Wenkbrauwen, lippen, spinneweb, spin en wratten, 101 / Tandlak zwart / Haren, 501-101, tandenborstel.

**Witch.**
Base, water make-up 406 / Lines next to the nose and eyeshadow, 401 / Eyebrows, lips, spider web, spider and warts, 101 / Tooth enamel, black / Hair, 501-101, toothbrush.

**Hexe.**
Basis, Water Make-up 406 / Linien an Nase und Augenschatten, 401 / Augenbrauen, Lippen, Spinnenweb, Spinne und Warze, 101 / Zahnlack schwarz / Haare, 501-101, Zahnbürste.

**Häxa**
Grundfärg, water make-up 406 / Sträck vid näsan och ögonskugga, 401 / Ögonbryn, läppar, spindelnät och spindel, 101 / Tandlack, svart / Hår, tandborste, 501.

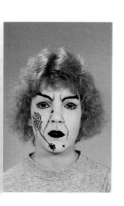

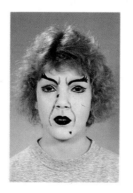

Glitter-Sterretjes.
Losse glitter lijmen met stoppelpasta.
Sterretjes ook met wateroplosbare
mastix of wimperlijm.

Glitter-Stars.
Attach loose glitter using stubble
paste. Stars can be applied with either
water-soluble spirit gum or eyelash
adhesive.

Glitzer-Sterne.
Losen Glitzer mit Stoppelpaste anbringen. Sternchen können mit wasserlöslichem Mastix oder mit Wimpernklebe
befestigt werden.

Glitter och stjärnor
Fäst löst glitter med stoppelpasta.
Stjärnor sättes på med vattenmastix
eller ögonfranslim.

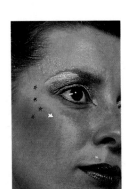

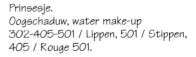

Prinsesje.
Oogschaduw, water make-up
302-405-501 / Lippen, 501 / Stippen,
405 / Rouge 501.

Little Princess.
Eyeshadow, water make-up
302-405-501 / Lips, 501 / Dots, 405 /
Rouge 501.

Kleine Prinzessin.
Lidschatten, Water Make-up
302-405-501 / Lippen, 501 / Punkten,
405 / Rouge 501.

Prinsessa
Ögonskugga, water make-up 302, 405,
501 / Läppar, 501 / Prickar, 405 /
Rouge, 501.

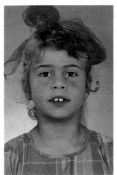

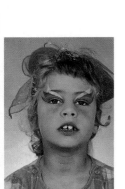

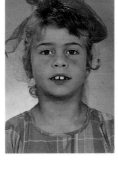

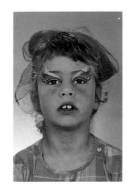

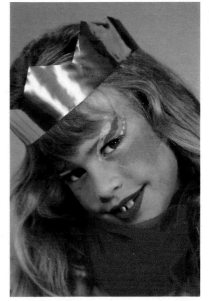

Clown.
Ogen, mond en neus aftekenen, make-up
potlood / Invullen met rood, 501 en wit,
001 / Ogen omlijnen en contouren met
een dunne lijn 101.

Clown.
Draw eyes, mouth and nose, make-up
pencil / Fill in red, 501, and white, 001 /
Outline eyes and contours with a thin
line 101.

Clown.
Augen und Mund zeichnen, Make-up
Stift / Rote ausfüllen, 501 und weiß,
001 / Augen und Konturen mit einer
dünnen Linie umrahmen 101.

Clown
Markera ögon och mun, sminkpenna /
Fyll i med rött, 501 och vit, 001 /
Teckna ögon och konturer med fina
streck, 101.

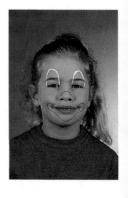

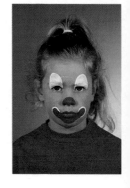

Pierrot.
Basis, cake make-up 001 /
Wenkbrauwen, ogen en tranen, 101 /
Lippen, 501 / Rouge, 540.

Pierrot.
Base, cake make-up 001 / Eyebrows,
eyes and tears, 101 / Lips, 501 / Rouge,
540.

Pierrot.
Basis, Cake Make-up 001 /
Augenbrauen, Augen und Tränen, 101 /
Lippen, 501 / Rouge, 540.

Pierrot
Grundfärg, cake make-up 001 /
Ögonbryn, ögon och tårar, 101 / Läppar,
501 / Rouge, 540.

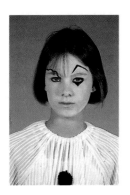

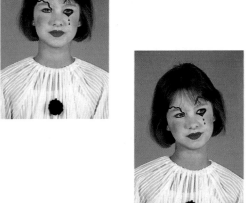

43

# GRIMAS

Chinese.
Basis 1004 / Ogen met 101 omlijnen /
Ooghoeken invullen, 001 / Lipstick, 5.5.

Chinese woman.
Base 1004 / Outline the eyes, 101 / Fill
up the corner of the eyes, 001 /
Lipstick, 5.5.

Chinesenfrau.
Basis 1004 / Augenumrahmung, 101 /
Die Augenwinkel ausfüllen, 001 /
Lipstick, 5.5.

Kines
Grundfärg, 1004 / Sneda ögon, 101 / Fyll
i ögonvrårna, 001 / Läppstift, 5.5.

Arabier.
Basis, cake make-up 1014 /
Wenkbrauwen en ogen, 101 /
Baardschaduw, 1001, sponsje / Baard en
snor, 101.

Arab.
Base, cake make-up 1014 / Eyebrows
and eyes, 101 / Beard shadow, 1001,
sponge / Beard and moustache, 101.

Araber.
Basis, Cake Make-up 1014 /
Augenbrauen und Augen, 101 /
Bartschatten, 1001,
Stoppelschwamm / Bart und
Schnurrbart, 101.

Arab
Grundfärg, cake make-up 1014 /
Ögonbryn och ögon, 101 / Skäggstubb,
Skäggstubbssvamp, 1001 / Skägg och
mustasch, 101.

Piraat.
Basis, cake make-up 1014 /
Stoppelbaard, stoppelsponsje 101 / Snor,
ooglap en wenkbrauw, water make-up 101
/ Litteken, tatoeage, 101-301-501.

Pirate.
Base, cake make-up 1014 / Stubble
beard, stubble sponge 101 / Moustache,
eye-patch and eyebrow, water make-up
101 / Scar, tattoo, 101-301-501.

Pirat.
Basis, Cake Make-up 1014 / Stoppelbart,
Stoppelschwamm 101 / Schnurrbart,
Augenklappe und Augenbraue, Water
Make-up 101 / Narbe, Tätowierung,
101-301-501.

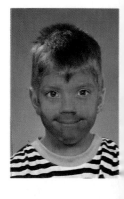

Pirat
Grundfärg, cake make-up 1014 /
Skäggstubb, skäggstubbssvamp, 101 /
Mustasch, ögonlapp och ögonbryn,
water make-up 101 / Ärr och tatuering,
101, 301, 501.

Punk.
Basis, 1015 / Lippen en ogen, water
make-up 101 / Tatoeage, 301-501 / Haar,
water make-up 101-501, tandenborstel.

Punk.
Base, 1015 / Lips and eyes, water
make-up 101 / Tattoo, 301-501 / Hair,
water make-up 101-501, toothbrush.

Punk.
Basis, 1015 / Lippen und Augen, Water
Make-up 101 / Tätowierung, 301-501 /
Haare, Water Make-up 101-501,
Zahnbürste.

Punkare
Grundfärg, 1015 / Läppar och ögon,
water make-up, 101 / Tatuering, 301, 501
/ Hår, water make-up 101, 501,
tandborste.

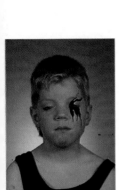

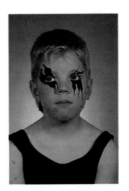

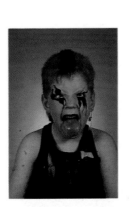

47

Aaauww !
Blauw oog, water make-up 201-301-501
met de vingers uitwerken /
Schaafwonden, 501-101 vegend met
stoppelsponsje / Bloedneus en snee in
wang, 501.

Ouch !
Black eye, apply water make-up
201-301-501 with the fingers / Grazes,
501-101, wiping with stubble sponge /
Bleeding nose and cut in cheek, 501.

Au !!
Blaues Auge, Water Make-up
201-301-501 mit Fingern einarbeiten /
Schürfwunden, 501-101, wischen mit
Stoppelschwamm / Blutende Nase und
Schnitt in Wange, 501.

Aj!!
Blått öga, dutta med fingrarna water
make-up 201, 301, 501 / Skrapsår,
501,101, stryk över med
skäggstubbssvamp / Blödande näsa och
snitt på kinden, 501.

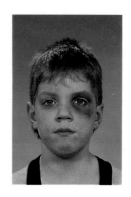

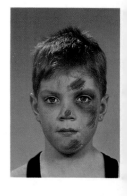

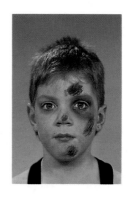

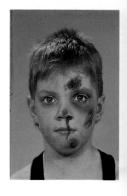

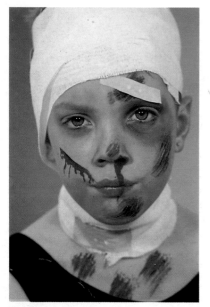

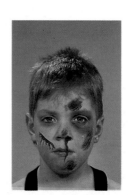

Zombie.
Basis, cake make-up 001 / Lijn door gezicht, oog, beschaduwing op slaap en wang, 101 / Tanden 101, invullen 001 / Bloedspetters, stoppelsponsje 501. Evt. filmbloed A.

Zombie.
Base, cake make-up 001 / Line across the face, eye, shading on temple and cheek, 101 / Teeth, 101. Fill in, 001 / Blood-stains, stubble sponge 501. Filmblood A if desired.

Zombie.
Basis, Cake Make-up 001 / Linie übers Gesicht, Auge, Schatten an Schläfe und Wangen, 101 / Zähne, 101.Ausfüllen, 001 / Blut-Spritzer, Stoppelschwamm 501. Eventuell Filmblut A.

Zombie
Grundfärg, cake make-up 001 / Streck över ansiktet, ögon, skugga på tinning och kind, 101 / Tänder 101, fyll i med 001 / Blodfläckar, skäggstubbssvamp, 501. Filmblod A kan användas.

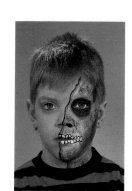

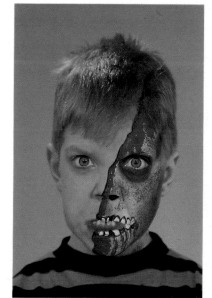

Weerwolf.
Basis, cake make-up 1004 / Voorhoofd,
mondhoeken en onder oog, 1075 /
Belijning, 101-1001 / Tussen belijning en
tanden, 001 / Haar inkleuren,
tandenborstel-101.

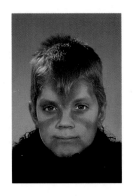

Were-wolf.
Base, cake make-up 1004 / Forehead,
corners of the mouth and below the eye,
1075 / Lines, 101-1001 / Between the
lines and teeth, 001 / Colour the hair,
toothbrush-101.

Werwolf.
Basis, Cake Make-up 1004 / Stirn,
Mundwinkel und unter den Augen, 1075 /
Linien, 101-1001 / Zwischen den Linien
und den Zähnen, 001 / Farbe im Haar,
ahnbürste-101.

Varulv
Grundfärg, cake make-up 1004 / Panna,
mun och under ögonen, 1075 / Streck,
101,1001 / Mellan sträcken och
tänderna, 001 / Färga håret med
tandborste, 101.

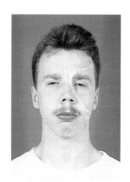

Robot.
Rand, derma wax / Basis, cake make-up
W3 / Water make-up zilver 701
aanbrengen / Lijnen en punten, water
make-up 101 / Rand inkleuren, 505.
Eventueel filmbloed.

Robot.
Edge, derma wax / Base, cake make-up
W3 / Apply water make-up silver, 701 /
Lines and points, water make-up 101 /
Colour edge, 505 / Filmblood A, if
desired.

Roboter.
Rand, Derma Wax / Basis, Cake Make-up
W3 / Water Make-up silber, 701
auftragen / Linien und Punkte, Water
Make-up 101 / Rand färben, 505 /
Filmblut A wenn erwünscht.

Robot
Kanter, dermavax / Grundfärg, cake
make-up W3 / Lägg på silver, 701 / Linjer
och punkter, 101 / Färga kanterna, 505 /
Filmblod A kan användas.

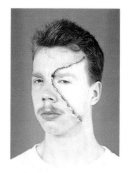

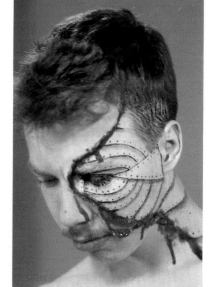

Bloem.
Basis, cake make-up W5 / Cirkeltje op
neus, 101. Bloemvorm 503 / Invullen,
503-507 / Lijnen, 001-101 / Steel, 403.

Flower.
Base, cake make-up W5 / Circle on nose,
101. Shape of flower 503 / Fill in,
503-507 / Lines, 001-101 / Stem, 403.

Blume.
Basis, Cake Make-up W5 / Kreis auf
Nase, 101. Form der Blume 503 /
Ausfüllen, 503-507 / Linien, 001-101 /
Stiel, 403.

Blomma
Grundfärg, cake make-up W5 / Ring runt
näsan, 101. Blommans form, 503 / Fyll i,
503-507 / Linjer, 001,101 / Stjälk, 403.

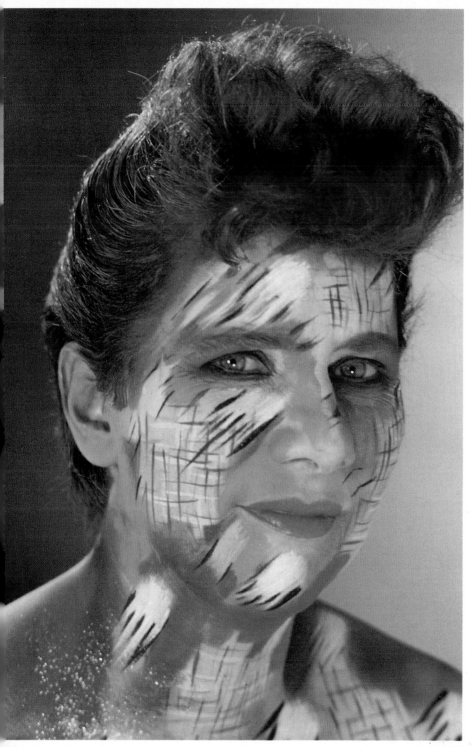

# GRIMAS

Verkeersbord.
Basis, 001 / Rode rand, water make-up
501 / Maximum snelheid, 101 / Auto in
gewenste kleur bijbestellen.

Traffic sign.
Base, 001 / Red border, water make-up
501 / Speed limit, 101 / Buy a car in
your favourite colour.

Verkehrszeichen.
Basis, 001 / Roter Rand, Water
Make-up 501 / Geschwindigkeits-
begrenzung, 101 / auf ein Auto in deiner
Lieblingsfarbe.

Trafikskylt
Grundfärg, 001 / Röd kant, water
make-up 501 / Hastighetsbegränsning,
101 / Köp en bil i din favoritfärg!!

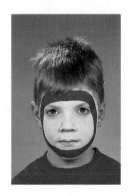

Wekker.
Cirkel, water make-up 001 / Rand en
bellen, 407 / Cijfers en bellen, 101 /
Bepaal de tijd met water make-up 501 /
Niet te vroeg opstaan!

Alarm-clock.
Circle, water make-up 001 / Border and
bells, 407 / Numbers and bells, 101 / Fix
the time with water make-up 501 /
Don't get up too early!

Wecker.
Kreis, Water Make-up 001 / Rand und
Glocken, 407 / Ziffern und Glocken, 101
/ Die Zeit markerieren mit Water
Make-up 501 / Steh' nicht zu früh auf !

Väckarklocka
Cirkel, water make-up 001 / Kanter och
ringklockor, 407 / Siffror, 101 / Visare,
501 / Gå inte upp för tidigt!!

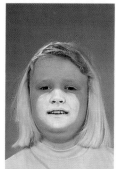

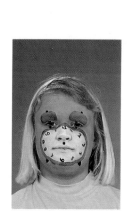

Kleding.
Een nieuwe manier om verstoppertje te
spelen. Zoek je kind tussen de kleren !

Clothing
A new way to play hide-and-seek. Find
your child amidst the clothes!

Kleidung.
Eine neue Art Verstecken zu spielen.
Finden Sie Ihr Kind zwischen den
Kleidungstücken !

Tyg
En nygammal lek. Hitta ditt barn bland
tygerna.

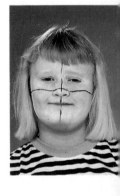

Supporter.
Moedig je favorieten maar aan. Geen
gesjouw met vlaggen en wimpels. Dus
handen vrij om te klappen !

Supporter.
Encourage your favourites. No dragging
along flags and rattles. Hands free to
applaud !

Sportfan.
Unterstützen Sie Ihre Favoriten. Kein
Schwenken von Flaggen und Fahnen.
Hände frei zum Applaudieren !

Supporter
Stöd ditt favoritlag. Inget besvär med
flaggor och vimplar. Håll händerna fria för
applåder.

  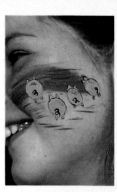

 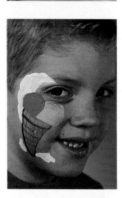 

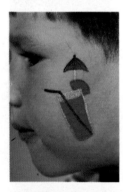  

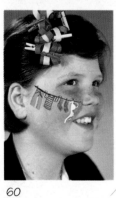  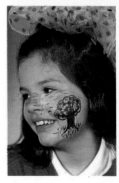

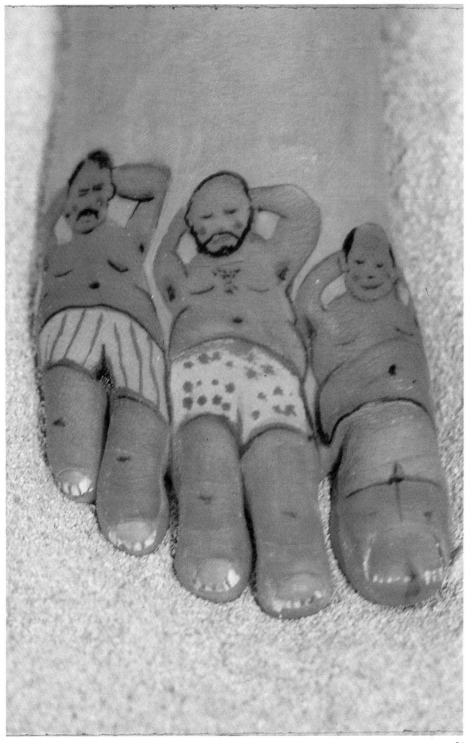

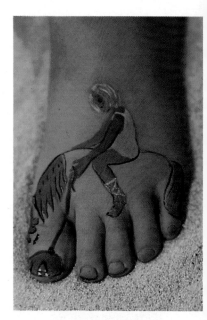

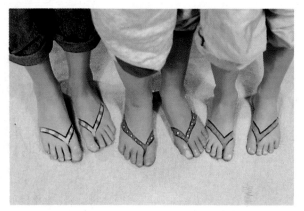

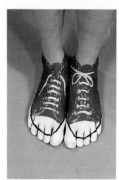

Vader en zoon.
Wie is oud en wie is jong ? Twee echte stoere binken. Moeders keus wordt nu wel erg moeilijk.

Father and son.
Who is old and who is young? Two real sturdy guys. Mother's choice will now be a difficult one.

Vater und Sohn.
Wer ist alt und wer ist jung ? Zwei wirklich tolle Kerle. Mutters Wahl wird nun schwierig.

Far och son
Vem är vem? Två riktiga män. Mamma har inte något lätt val.

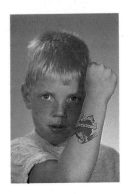

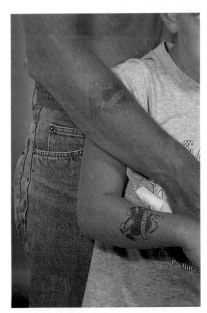

Handen.
Iedere dag een nieuwe ring of horloge.
Stijlvol of opvallend. Creativiteit is ook
hier de sleutel.

Hands
Every day a new ring or watch. Elegantly
or showily. Creativeness is the key here.

Hände.
Jeden Tag ein neuer Ring oder Uhr.
Elegant oder auffällig. Kreativität ist
hier der Schlüssel.

Händer
Varje dag en ny ring eller klocka. Elegant
eller pråligt. Kreativitet är nyckelordet.

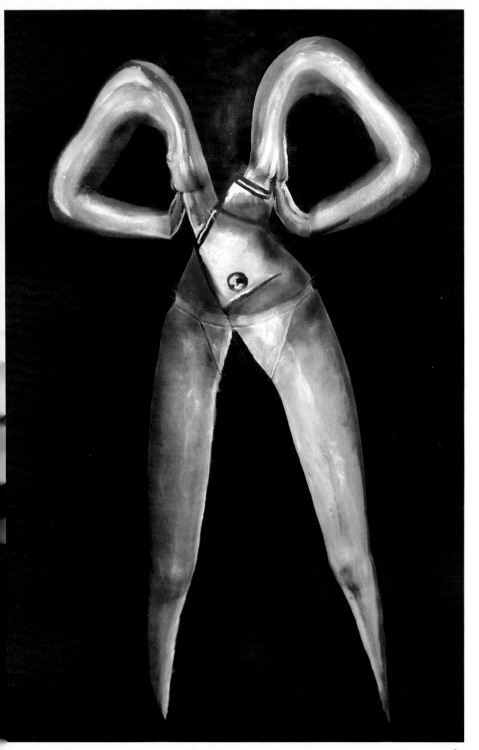

Body paint.
Schitterende uitgaanskleding voor een zwoele zomeravond. Uitgebreide garderobe in een klein doosje.

Body paint.
Dressing up for a hot summer night. Extensive wardrobe in a small box.

Körper-Bemalung.
Kleidung für eine heiße Sommernacht. Umfassende Garderobe in einem kleinen Kasten.

Kroppssminkning
Klädd för en varm sommarnatt. En dyr garderob i en liten ask.

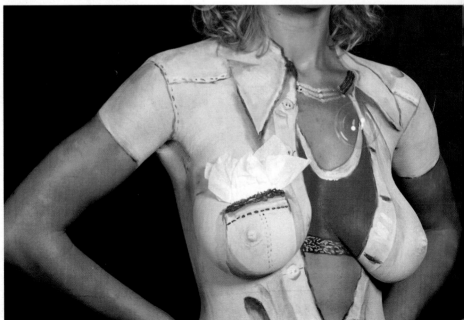

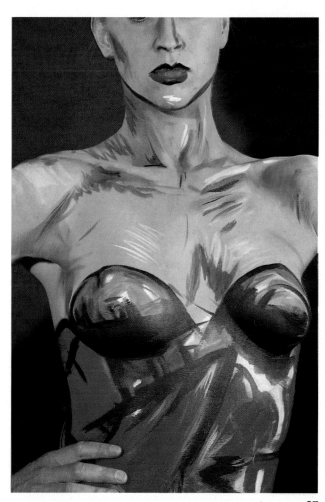

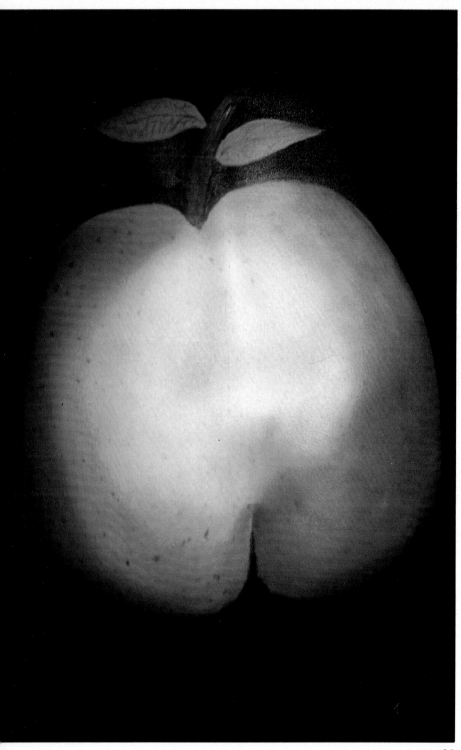

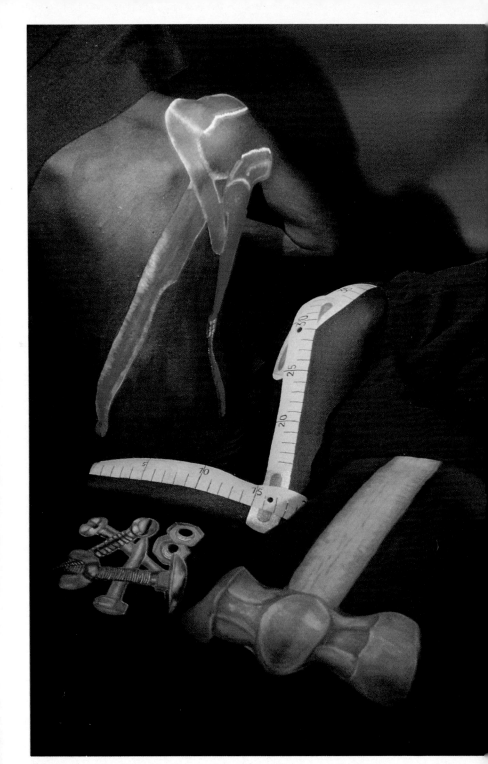

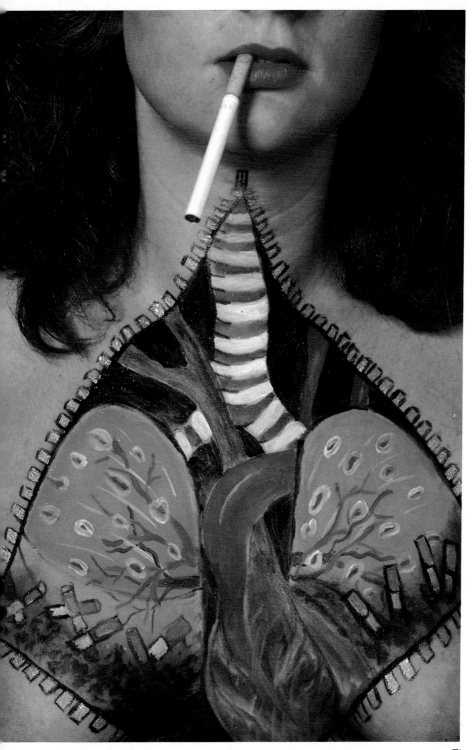

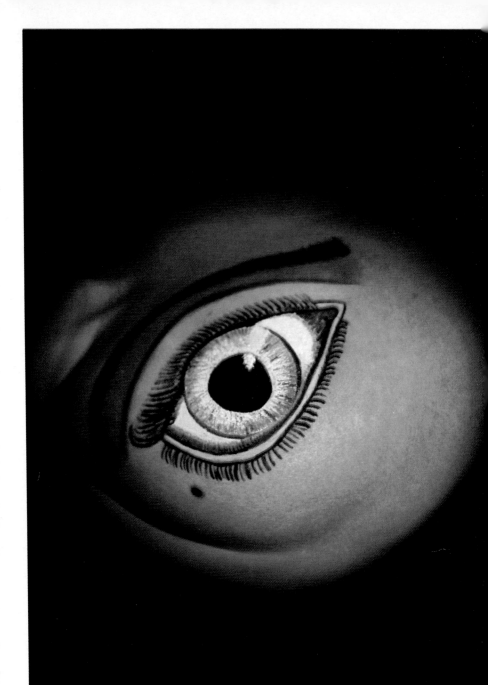

Basis make-up.
Crème make-up, normale tot droge huid.
Foundation, normale tot vettige huid.
Dekkend en mat.
Geeft een natuurlijk effect. Aanbrengen
met japans- of latex sponsje / Met
spatel op hand brengen / Kleur mengen
en in hals testen.

Base make-up.
Crème make-up, normal to dry skin.
Foundation, normal to oily skin. Matt
and covering. Gives a natural effect.
Apply with Japanese- or latex sponge /
Apply to the hand with spatula / Mix
the colour and test in the neck.

Make-up Basis.
Crème Make-up, normale bis trockene
Haut. Foundation, normale bis ölige
Haut. Matt und deckend. Sieht sehr
natürlich aus. Auftragen mit Latex oder
Japanschwamm / Mit Spatel auf den
Handrücken geben. Farbe mischen und
am Hals austesten.

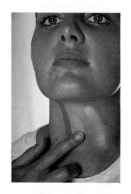

Grundmake-up
Creme make-up, mormal till torr hud.
Foundation, normal till fet hud. Matt
och täckande. Ger en naturlig effekt.
Applicera med japansk- eller latexsvamp
/ Spatla upp sminket på handen /
Blanda färgerna och pröva på halsen.

Moet overeenkomen met eigen
huidskleur / Japans sponsje in water
dompelen en goed uitknijpen.

Should match the natural colour of the
skin / Dip Japanese sponge in water and
squeeze thoroughly.

Sollte der eigenen Hautfarbe
entsprechen / Japanschwamm in
Wasser tauchen und gut ausdrücken.

Den skall passa till den naturliga
hudtonen / Doppa den japanska svampen
i vatten och krama ur ordentligt.

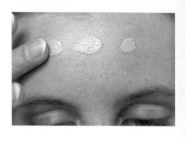

Breng make-up op het voorhoofd aan /
Make-up met kleine cirkelvormige
bewegingen zéér dun aanbrengen / Ook
de rest van het gezicht / Niet de
oogleden-wel de lippen.

Apply make-up to the forehead / Apply
very thinly with small circular
movements / The rest of the face as
well / The lips also. Not the eyelids.

Make-up auf Stirn auftragen / Sehr
dünn auftragen in kleinen kreisformigen
Bewegungen / Das restliche Gesicht
genauso bearbeiten / Auch die Lippen.
Augenlider freilassen !

Applicera make-up på pannan /
Applicera mycket tunt med små
cirkelrörelser / Fortsätt likadant på
resten av ansiktet, även läpparna. Inget
på ögon- locken.

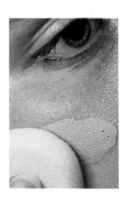

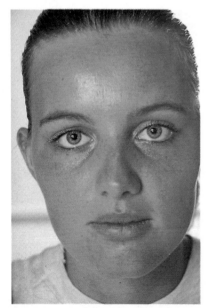

Rijkelijk make-up poeder met lamswollen dons. Ook de mond en de oogleden / Laten inwerken en overtollig poeder verwijderen met afpoederborstel.

Generously make-up powder with lambswool puff. Mouth and eyelids also / Leave to settle, remove excess powder with powder-brush.

Reichlich Make-up Puder mit Lammwollquast, Mund und Augenlider auch / Einwirken lassen, Überschuß mit Puder-Pinsel abnehmen.

Lägg på rikligt med make-up puder med hjälp av en velourpudervippa, även mun och ögonlock / Låt det torka in och avlägsna överflödigt puder med hjälp av en puderborste.

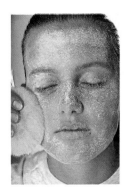

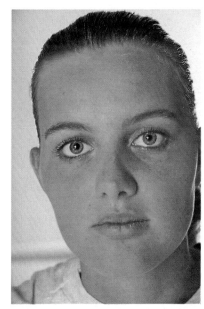

GRIMAS

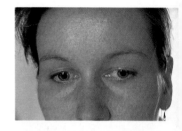

Wenkbrauwen.
Wenkbrauwen naar beneden kammen /
Bovenste rand invullen. Matte
oogschaduw in kleur van de wenkbrauwen.
Naar boven kammen / Onderste rand
invullen / Fixeren met gel. Penseel :
camouflage Nr. 2. Wenkbrauwen kunnen
ook worden gefixeerd met wateroplosbare mastix (verdunnen met
alcohol).

Eyebrows.
Brush eyebrows downwards / Fill in upper
part. Matt eyeshadow in colour of the
eyebrows.
Brush upwards / Fill in lower part / Fix
with gel. Brush : camouflage Nr. 2.
Eyebrows can also be fixed with water
soluble spiritgum (dilute with alcohol).

78

Augenbrauen.
Bürste die Augenbrauen nach unten /
Oberen Rand auffüllen. Mattem
Lidschatten in Farbe der Augenbrauen.
Hochbürsten / Unteren Rand auffülen /
Mit Gel Fixieren. Pinsel : Camouflage Nr. 2.
Augenbrauen können auch mit
wasserlöslichem Mastix fixiert werden
(verdünnen mit Alkohol).

Ögonbryn
Borsta ögonbrynen nedåt / Fyll i
överdelen med matt ögonskugga i
ögonbrynets färg / Borsta uppåt / Fyll i
nederdelen / Forma med gelé. Borste:
Camouflage Nr 2. Ögonbrynen kan också
fixeras med vatten- baserad mastix
(förtunnas med alkohol).

**Ogen.**
Lichte oogschaduw 280 op ooglid aanbrengen / Donkere rouge, 565-575 in de vouw boven het ooglid. Uitschaduwen boven de buitenste ooghoek / Oogschaduw met vochtig penseel V4 uitnemen.

**Eyes.**
Apply light tone of eyeshadow 280 to the eyelid / Dark rouge, 565-575 in the fold above the eyelid. Shading above the outer corner of the eye / Take out eyeshadow with damp brush V4.

**Augen.**
Hellen Lidschattenton 280 auf den Liddeckel auftragen / Dunkles Rouge 565-575 in die Lidfalte. Über dem äußeren Augenwinkel ausschattieren / Mit feuchtem Pinsel V4 Lidschatten aufnehmen.

**Ögon**
Lägg en ljus ton av ögonskugga 280 på ögonlocket /
Mörk rouge, 565, 575 i ögongloben, skugga i yttre ögonvrån / Dra ut ögonskuggan med en fuktig pensel, V4.

Oogschaduw 101 op de hand papperig maken / Op rand ooglid van binnen naar buiten / Bij de buitenste ooghoek iets naar boven trekken / Met wit make-up potlood oogrand aanzetten.

Make eyeshadow 101 creamy on the hand / On edge of eyelid from the inside outwards / Pull a little upwards at the outer corner of the eye / Accentuate rim of the eye with white make-up pencil.

Lidschatten 101 auf der Hand feucht anrühren / Am Wimpernrand von innen nach außen ziehen / Am äußeren Augenwinkel ein wenig aufwärts ziehen / Den inneren Wimpernrand mit weißen Make-up Stift akzentuieren.

Blanda ögonskugga 101 med vatten på handen / Lägg på kanten av ögonlocket inifrån och ut / Dra lite uppåt i yttersta ögonvrån / Framhäv underkanten av ögat med en vit sminkpenna.

Oogschaduw 101 vochtig, als eyeliner, onder het oog / Mascara aanbrengen, los borstelen met droog borsteltje als de haartjes nog vochtig zijn.

Apply eyeshadow 101 damp, like eyeliner, underneath the eye / Apply mascara and brush with a dry brush while the hairs are still moist.

Lidschatten, wie Eyeliner, unter dem Auge feucht auftragen / Mascara auftragen und mit Bürstchen auseinanderbürsten solange die Häarchen noh feucht sind.

Använd ögonskugga 101, fuktig, som eyeliner, under ögat / Lägg på mascara och borsta in medan ögonfransarna fortfarande är fuktiga.

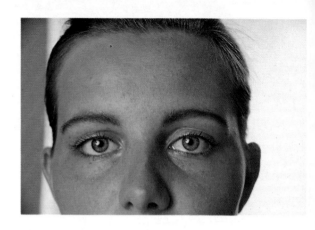

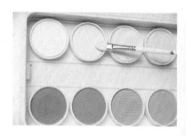

Ogen-Verschillende vormen.
Verdeling van licht en donker. Oog
vergroten : lichte oogschaduw op ooglid,
280 / Donkere met penseel V8
uitnemen, 575.

Eyes-Various forms.
Dividing light and dark. Enlarging the eye
: light tone of eyeshadow on eyelid, 280
/ Take out dark tone with brush V8,
575.

Verschiedene Augenformen.
Aufteilung von Licht und Schatten.
Augen vergrößern : hellen Ton auf
Liddeckel, 280 / Dunklen Ton 575 mit
Pinsel V8 aufnehmen.

Ögonformer
Skillnader med ljust och mörkt. Större
ögon: En ljus ton ögonskugga på
ögonlocket, 280 / Lägg mörk ton med
pensel V8, 575.

575 in vouw boven ooglid / Oog dun omranden, vochtig penseel V4-oogschaduw 101 / Boven buitenste ooghoek donker uitschaduwen, 575 / Oograand, make-up potlood wit / Mascara, zwart.

575 in fold above eyelid / Fine outline of eye, moistened brush V4-eyeshadow 101 / Dark shading above outer corner of the eye, 575 / Rim of the eye, make-up pencil white / Mascara, black.

575 in Lidfalte / Feine Umrahmung des Auges mit feuchtem Pinsel V4-Eyeshadow 101 / Dunkler Schatten oben äußeren Augenwinkel, 575 / Innerer Lidrand, Make-up Stift weiß / Mascara, schwarz.

575 i ögongloben / Fin markering av ögat, fuktig pensel V4, ögonskugga 101 / Mörk skugga i yttre ögonlocket 575 / Vit sminkpenna i underkanten / Svart mascara.

Oog verkleinen : Donkere kleur op ooglid,
575 / Oograad donker / Bredere eyeliner
/ Weinig mascara. Links : kleiner en
dieper. Rechts : groter en naar voren.

Reducing the eye : Dark tone on eyelid,
575 / Rim of the eye darker / Broader
eyeliner / Small amount of mascara.
Left : smaller and deeper. Right : larger
and more aronounced.

Augen verkleinern : Dunklen Ton auf
Liddeckel, 575 / Innerer Lidrand dunkler
/ Breiter Eyeliner / Wenig Mascara. Links
: kleiner und tiefer. Rechts : größer und
betonter.

Gör ögat mindre: Mörk ton på
ögonlocket, 575 / Ögonkanten mörkare /
Bredare eyeliner / Bara lite mascara.
Vänstra ögat: mindre och djupare.
Högra ögat: större och tydligare.

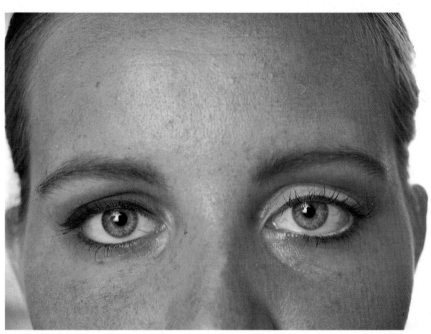

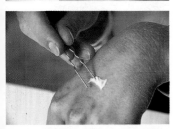

**Wimpers.**
Breedte wimper bepalen / Aan buitenkant afknippen / Wimperlijm op hand / Lijm met haarspeld op rand wimper.

**Eyelashes.**
Determine width of eyelashes / Cut off outside / Eyelash adhesive on the hand / Apply eyelash adhesive with hair-pin to edge of eyelash.

**Wimpern.**
Länge des Wimpernbandes bestimmen / Äußeren Rand beschneiden / Wimpernkleber auf der Hand / Mit Haarnadel den Kleber auf den Rand des Wimpernbandes geben.

**Lösögonfransar**
Bestäm bredden på ögonfransarna / Klipp av yttersidan / Ögonfranslim på handen / Bred på limmet med en hårnål på kanten av ögonfransarna.

Wimper precies op haarinplant / Met
ronde kant haarspeld van binnen naar
buiten aandrukken. Rechts met wimper.

Place Eyelash at the root of the own
lash / Press from the inside outwards
with curved side of hair-pin. To the right
: with eyelash.

Wimpernband am eigenen
Wimpernansatz placieren / Mit der
runden Seite der Haarnadel Wimpern vin
innen nach außen andrücken / Rechts :
mit Wimpernband.

Placera fransarna precis över de riktiga
/ Pressa på från insidan av ögonvrån
och utåt med den trubbiga änden av
hårnålen. Till höger: med lösögonfransar.

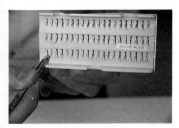

Met pincet wimperstukjes Nr. 12 lijmen / Aan buitenkant oog beginnen / Tussenafstand ca. 2 mm. / 2 á 3 stukjes Nr. 11 aan binnenkant ooghoek. Links met wimperstukjes.

Glue pieces of eye-lash Nr. 12 using tweezers / Start on the outside of the eye / Intervals appr. 2 mm. / 2 or 3 pieces Nr. 11 in corner of the eye. Left with pieces of eyelash.

Kleben von Einzelwimpern Nr. 12 mit Pinzette / Außen beginnen / Abstand ca. 2 mm. / 2-3 Büschel Nr. 11 am inneren Augenwinkel. Links mit Einzelwimpern.

Limma på delar av lösögonfrans Nr 12 med pincett / Börja med yttersta delen av ögat / Ca 2 mm mellanrum / 2 eller 3 st av frans Nr11 i inre ögonvrån. Vänstra ögat med enstaka ögonfransar.

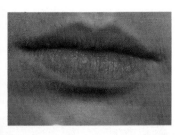

Lippen.
Een klein beetje foundation aanbrengen /
Bij ruwe lippen lipgloss of base, penseel
V4, L4 / Lipgloss, base of lipstick altijd
met spatel uitnemen, óók van stickje.

Lips.
Apply a small amount of foundation / In
case of sore lips, lipgloss or base, brush
V4, L4 / Take out lipgloss, base and
lipstick always with a spatula, even from
a stick.

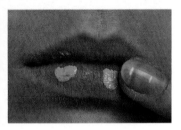

Lippen.
Wenig Foundation auftupfen / Bei
spröden Lippen, Lipgloss oder Base,
Pinsel V4, L4 / Lipgloss, Base,
Lippenstift immer mit Spatel
entnehmen, sogar vom Stift.

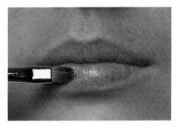

Läppar
Grunda med lite foundation / Om du har
torra läppar, lopgloss eller base, pensel
V4, L4 / Tag alltid lipgloss, base och
läppstift med en spatel, även ifrån ett
stift.

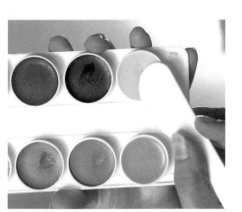

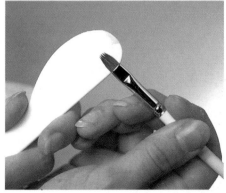

Contouren, make-up potlood / Lipstick, penseel V4, L4 / Tissue / Fixeerpoeder / Overtollig poeder verwijderen. Lipstick is nu mat en "kiss-proof".

Contours, make-up pencil / Lipstick, brush V4, L4 / Tissue / Fixing Powder / Remove excess powder. Lipstick now is matt and "kiss-proof".

Konturen, Make-up Stift / Lippenstift, Pinsel L4, V4 / Kleenex / Fixierpuder / Puderüberschuß entfernen. Lipstick ist jetzt matt und kussecht.

Konturer, sminkpenna / Läppstift, pensel V4, L4 / Servett / Fixerpuder / Borsta bort överflödigt puder. Läppstiftet är nu matt och "kyssäkta".

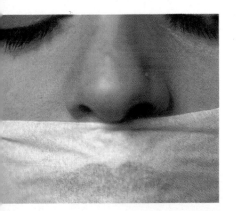

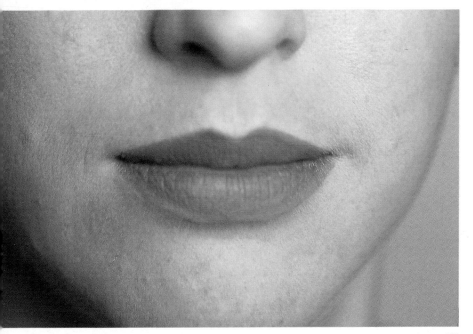

Modellage.
Zeer lichte beschaduwing onder jukbeen en op slapen, compactpoeder Nr. 9 en poederborstel Nr. 10 / Neus versmallen, compactpoeder Nr. 9, penseel V10.

Modelling.
Very light shading underneath cheekbones and on temples, compact powder Nr. 9 and powder brush Nr. 10. / Narrow nose, compact powder Nr. 9, brush V10.

Modellierung.
Sehr zarte Schattierung unterm Jochbein und an den Schläfen, Compact Puder Nr. 9, Puder-Pinsel Nr. 10 / Nase verschmälern, Compact Puder Nr. 9, Pinsel V10.

Modell make-up
Mycket ljus skugga under kindben och på tinningarna, compact puder Nr 9 och puderpensel Nr 10 / Smal näsa, compactpuder Nr 9, pensel V10.

94

Rouge uitnemen, poederborstel 8 / Met de hand in de borstel kloppen / Centrale punt rouge op jukbeen, onder de buitenste ooghoek / Naar binnen en buiten : Onveranderde gezichtsvorm / Naar boven en binnen maakt langer en smaller / Naar buiten en beneden : Breder en korter.

Take out rouge, powder brush 8 / Tap into brush with hand / Centre of rouge should be on cheekbone, underneath outer corner of the eye / In- and outwards : No change in shape of the face / Up- and inwards : longer and narrower / Out- and downwards : broader and shorter.

Rouge aufnehmen, Puder-Pinsel 8 / Mit der Hand in den Pinsel klopfen / Das Rougezentrum sollte auf dem Jochbein sein, unterhalb des äußeren Augenwinkels / Nach Innen und Außen : keine Formveränderung / Nach Oben und Innen : länger und schmäler / Nach Außen und Unten : breiter und kürzer.

Tag rouge, puderpensel 8 / Slå penseln lätt på handen / Rougen skall centreras på kindbenen, under yttersta delen av ögat / Inåt och utåt: ingen förändring av ansiktets form / Uppåt och nedåt: förlänger och smalnar av / Utåt och nedåt: breddar och kortar.

Rouge aanbrengen op jukbeen / De
slapen / Onder de wenkbrauwen / In de
hals.

Apply rouge to cheekbones / Temples /
Below the eyebrows / On the neck.

Rouge auf Jochbein auftragen, Schläfen,
unter den Augenbrauen, Hals.

Lägg rouge på kindbenen / Tinningarna /
Under ögonbrynen / På halsen.

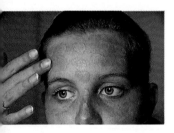

Avond make-up.
Camouflage make-up W3 of W5 op
spatel zacht maken / Deppend
aanbrengen / Kort laten inwerken /
Gelijkmatig verdelen, latex sponsje /
Oograand oplichten, IV5.

Evening make-up.
Soften camouflage make-up W3 or W5
on spatula / Apply dabbing / Leave to
settle / Spread evenly, latex sponge /
Highlight the crease, IV5.

Abend Make-up, Camouflage W3 oder
W5 auf Spatel weichrühren / Tupfend
auftragen / Etwas einwirken lassen /
Gleichmäßig verteilen, Latex Schwamm /
Augenränder mit IV5 aufhellen.

Afton make-up
Mjukgör camouflage make-up W3 eller W5
med spatel / Dutta på / Låt den tränga
in, fördela jämnt med latexsvamp / Ljust
under ögonen, IV5.

Rijkelijk fixeerpoeder / Overtollig poeder
verwijderen / Wenkbrauwen aanzetten
met oogschaduw / Ooglid met donkere
oogschaduw / Ogen omlijnen, vochtig
penseel en oogschaduw.

Generously fixing powder / Remove
excess powder / Accentuate eyebrows
with eyeshadow / Eyelid with dark
eyeshadow / Outline eyes, moistened
brush with eyeshadow.

Reichlich Fixierpuder / Überschuß
abnehmen / Augenbrauen mit
Lidschatten akzentuieren / Lid mit
dunklem Lidschatten / Augen
umrahmen mit feuchtem Pinsel und
Lidschatten.

Rikligt med fixerpuder / Avlägsna
överflödigt puder / Framhäv ögonbrynen
med ögonskugga / Mörk skugga på
ögonlocken / Eyeliner med fuktig pensel
och ögonskugga.

Wimperstukjes lijmen / Glitter tipcrème 04 op ooglid / Lipstick / Iets meer rouge gebruiken dan bij een normale make-up.

Glue pieces of eyelash / Glitter tip crème 04 on eyelid / Lipstick / Apply little more rouge than with normal make-up.

Wimpernbüschel kleben / Glitter Tip Creme 04 auf Liddeckel / Lippenstift / Etwas mehr Rouge als bei normalen Make-up.

Limma på ögonfransar / Glitter tipcreme 04 på ögonlocket / Läppstift / Använd mer rouge än vid normal make-up.

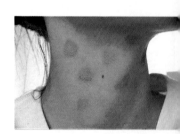

Modeshow.
Foundation GO deppend onder de ogen /
Camouflage W3-W5 uitnemen, zacht
maken / Met latex sponsje verdelen.

Fashion show.
Foundation GO dabbing underneath the
eyes / Take out camouflage W3-W5,
soften / Spread with latex sponge.

Fashion-Show.
Foundation GO unter den Augen
auftupfen / Camouflage W3-W5
aufnehmen, weichrühren / Verteilen mit
Latex Schwamm.

Modeshow
Foundation GO duttas under ögonen /
Spatla ur camouflage W3, W5 och
mjukgör / Fördela med latexsvamp.

100

Fixeerpoeder / Wenkbrauwen krachtig
aanzetten, rouge 565 / Krachtige
oogschaduw / Wimpers Nr. 6 / Lipstick
sterk aanbrengen.

Fixing powder / Accentuate eyebrows
strongly, rouge 565 / Strong eyeshadow
/ Eyelashes Nr. 6 / Apply lipstick
strongly.

Fixierpuder / Augenbrauen stark
betonen, Rouge 565 / Starker
Lidschatten / Wimpern Nr. 6 / Kräftiger
Lippenstift.

Fixerpuder / Framhäv ögonbrynen
kraftigt, rouge 565 / Rikligt med
ögonskugga / Ögonfransar Nr 6 / Rikligt
med läppstift.

Lippen afpoederen, fixeerpoeder /
Overtollig poeder verwijderen / Sterke
rouge, 544 - poederborstel 10.

Powder the lips, fixing powder / Remove
excess powder / Strong rouge, 544 -
powder brush 10.

Lippen pudern, Fixierpuder /
Puderüberschuß entfernen / Starkes
Rouge, 544 - Puder-Pinsel 10.

Läpparna pudras, fixeringspuder /
Avlägsna överflödigt puder / Rikligt med
rouge 544. Puderpensel 10.

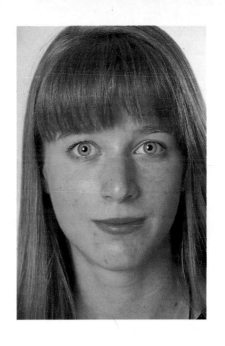

Kleuren foto.
Under make-up base dun op het gezicht
verdelen / Foundation GO deppend onder
de ogen.

Colour photo.
Spread under-make-up base thinly on
the face / Foundation GO dabbing
underneath the eyes.

Farb-Foto.
Under Make-up Base dünn auf Gesicht
verteilen / Foundation GO unter den
Augen auftupfen.

Färgfoto
Lägg ett tunt lager under make-up base
/ Foundation GO duttas under ögonen.

103

Beschaduwen, camouflage- of crème make-up B10, penseel V6 / Vervagen met latex sponsje / Foundation, crème- of cake make-up aanbrengen / Onder het oog oplichten, camouflage make-up / Matteren, make-up poeder / Matte oogschaduw passend bij type of thema.

Shading, camouflage- or crème make-up B10, brush V6 / Spread with latex sponge / Apply foundation, crème- or cake make-up / Highlight underneath the eye, camouflage make-up / Matt, make-up powder / Matt eyeshadow matching type or theme.

Schattierung, Camouflage oder Creme Make-up B10, Pinsel V6 / Verteilen mit Latex Schwamm / Foundation, Creme- oder Cake Make-up auftragen / Aufhellen unter dem Auge, Camouflage / Mattieren, Make-up Puder / Matter Lidschatten Typ- oder Themen- entsprechend.

Skugga, camouflage- eller creme make-up B10, pensel V6 / Gnid ut med latexsvamp / Använd foundation, creme- eller cake make-up / Ljusare under ögat, camouflage make-up / Matta ned med make-up puder / Matt ögonskugga som passar till typ eller tema.

Wenkbrauwen / Naar behoefte wimpers /
Lipstick, fixeerpoeder / Rouge / Eindfoto
met blauwfilter.

Eyebrows / If desired eyelashes /
Lipstick, fixing powder / Rouge / Final
photo made with blue .

Augenbrauen / Evtl. Wimpern / Lippenstift, Fixierpuder / Rouge / Endfoto mit
Blaufilter.

Ögonbryn / Kanske ögonfransar? /
Läppstift, fixerpuder / Rouge / Fotot är
taget med blått filter.

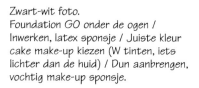

Zwart-wit foto.
Foundation GO onder de ogen /
Inwerken, latex sponsje / Juiste kleur
cake make-up kiezen (W tinten, iets
lichter dan de huid) / Dun aanbrengen,
vochtig make-up sponsje.

Black-and-white photo.
Foundation GO underneath the eyes /
Dabb in, latex sponge / Pick right colour
cake make-up (W tones, little lighter as
skin) / Apply thinly, moistened make-up
sponge.

Schwarz-weiß Foto.
Foundation GO unter den Augen /
Einklopfen, Latex Schwamm / Die
richtige Farbe Cake Make-up aussuchen
(W-Farben, etwas heller als Haut) /
Dünn auftragen, feuchter Make-up
Schwamm.

Svart / vitt foto
Foundation GO under ögonen / Dutta på
med latexsvamp / Välj lämplig färg, cake
make-up (W-färger, lite ljusare än
huden) / Applicera tunt med fuktig
make-up svamp.

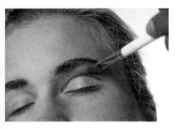

Rijkelijk make-up poeder, lamswollen poederdons / Wenkbrauwen, rouge 566 / Ooglid, oogschaduw 280 / In vouw boven ooglid, 575.

Generously make-up powder, lambswool powder puff / Eyebrows, rouge 566 / Eyelid, eyeshadow 280 / In fold above eyelid, 575.

Reichlich Make-up Puder, Lammswoll Puderquaste / Augenbrauen, Rouge 566 / Lid, Lidschatten 280 / Lidfalte 575.

Rikligt med fixerpuder, velourpudervippa / Ögonbryn, rouge 566 / Ögonlock, ögonskugga, 101 / I yttre ögongloben, 575.

Eyeliner, vochtig penseel, oogschaduw
101 / Oogrand, make-up potlood wit /
Mascara / Lippen omranden, make-up
potlood donkerrood / Lipstick 5.17 /
Lippen afnemen met tissue /
Fixeerpoeder / Géén rouge op jukbeen
aanbrengen, alleen modelleren, rouge
575.

Eyeliner, moistened brush, eyeshadow
101 / Rim of the eye, make-up pencil
white / Mascara / Outline lips, make-up
pencil dark-red / Lipstick 5.17 / Tissue /
Fixing powder / Don't apply any rouge on
cheekbone, just model, rouge 575.

Lidstrich, feuchter Pinsel, Lidschatten
101 / Lidrand innen, weißer Make-up
Stift / Mascara / Lippenkontur, Make-up
Stift dunkel rot / Lippenstift 5.17 /
Kleenex / Fixierpuder / Kein Rouge aufs
Jochbein, nur Modellierung, Rouge 575.

Eyeliner, fuktig pensel, ögonskugga, 101 /
Underkanten av ögat, vit sminkpenna /
Mascara / Läppkonturer, mörkröd
sminkpenna / Läppstift 5.17 / "Bit" av
läppstiftet med servett / Fixerpuder /
Inget rouge på kinderna, endast för att
forma, rouge 575.

Bruids make-up.
Foundation GO dun onder de ogen /
Camouflage make-up W3-W5 aanbrengen
/ Inwerken met latex sponsje.

Bridal make-up.
Foundation GO thinly underneath the
eyes / Apply camouflage make-up
W3-W5 / Dab with latex sponge.

Braut Make-up.
Foundation GO dünn unter den Augen /
Camouflage Make-up W3-W5 / Mit Latex
Schwamm einarbeiten.

Brud make-up
Foundation GO tunt under ögonen /
Comouflage make-up W3, W5 / Dutta
med latexsvamp.

111

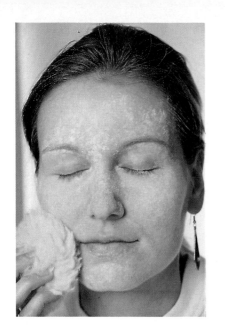

Rijkelijk fixeerpoeder / Wenkbrauwen, rouge 564 / Fixeren met gel / Nu overtollig poeder verwijderen, afpoederborstel.

Generously fixing powder / Eyebrows, rouge 564 / Fix with gel / Now remove excess powder, powder brush.

Reichlich Fixierpuder / Augenbrauen, Rouge 564 / Mit Gel fixieren / Nun Puderüberschuß entfernen, Ziegenhaarbürste.

Rikligt med fixerpuder / Ögonbryn, rouge 564 / Fixera med gelé / Nu avlägsnas överflödigt puder, rougeborste.

112

Zachtrose oogschaduw op ooglid aanbrengen, mix 001-581 op de hand / In de vouw boven het ooglid bruin 564-penseel V4.

Apply soft pink eyeshadow to eyelid, mix 001-581 on the hand / In fold above eyelid brown 564-brush V4.

Zart rosé Lidschatten auf das Lid auftragen, 001-581 auf Hand mischen / Lidfalte braun 564-Pinsel V4.

Svagt rosa ögonskugga på ögonlocket, blanda 001 och 581 på handen / I ögongloben,  brun 564, pensel V4.

113

Eyeliner, vochtig penseel M1-oogschaduw
101 / In buitenste ooghoek
uitschaduwen, 566 / Mascara sterk
aanbrengen / Lippen invullen, make-up
potlood rood.

Eyeliner, moistened brush M1-eyeshadow
101 / Shading in outer corner of the eye,
566 / Apply mascara strongly / Colour
lips, make-up pencil red.

Lidstrich, feuchter Pinsel
M1-Lidschatten 101 / Oben äußeren
Augenwinkel schattieren, 566 / Wimpern
stark tuschen / Lippen-Farbe. Make-up
Stift rot.

Eyeliner, fuktig pensel M1, ögonskugga
101 / Skugga i yttersta ögonvrån 566 /
Rikligt med mascara / Måla läpparna
med röd sminkpenna.

114

Lippen afnemen met tissue / Fixeerpoeder / Rouge op jukbeen, mix 530-533, rouge-borstel 10.

Tissue / Fixing powder / Rouge on cheekbone, mix 530-533, rouge brush 10.

Kleenex / Rouge auf Jochbein, mix 530-533, Puderpinsel 10.

"Bit" av med servett / Fixerpuder / Rouge på kindbenet / Blanda 530, 533, rougepensel 10.

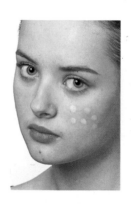

Type gericht.
Rode plekken dun met camouflage 408
/ Foundation / Zéér dun een lichte
camouflage op dieper liggende lijnen en
oogranden aanbrengen en uitwerken /
Onder jukbeen en op zijkant voorhoofd
crème make-up B10, op jukbeen crème
make-up 501. Goed verdelen /
Fixeerpoeder.

Individualized make-up.
Red spots thinly with camouflage 408 /
Foundation / Apply very thinly light
camouflage to deeper lines and under
the eyes and spread / Crème make-up
B10 underneath cheekbone and at the
side of the forehead, crème make-up
501 on cheekbone. Shade out well /
Fixing powder.

Typgerecht.
Rote Flecken, dünn Camouflage 408 /
Foundation / Sehr dünn helle
Camouflage in tiefe Linien und unter
Lidrand auftragen und verteilen / Creme
Make-up B10 unter Jochbein und
Schläfen, Creme Make-up 501 auf
Jochbein, gut schattieren / Fixierpuder.

Individuell make-up
Röda fläckar täckes tunt med
camouflage 408 / Foundation / Applicera
mycket tunt, ljus camouflage i djupare
"linjer" och i ögonvrån, tona ut / Creme
make-up B10 under kindben och på
sidorna av pannan, creme make-up 501
på kindbenen. Tona
ut ordentligt / Fixerpuder.

Oogschaduw / Eyeliner met vochtig penseel V4 en oogschaduw 101 / Mascara / Wenkbrauwen vormen / Lipstick met make-up potlood rood omlijnen en naar binnen uitwerken / Lippen matteren, fixeerpoeder.

Eyeshadow / Eyeliner with moistened brush V4 and eyeshadow 101 / Mascara / Model eyebrows / Outline lipstick with red make-up pencil and blend inwards / Matt the lips, fixing powder.

Lidschatten / Lidstrich mit feuchtem Pinsel V4 und Lidschatten 101 / Mascara / Augenbrauen formen / Lippenstift mit rotem Make-up Stift umrahmen und nach innen verwischen / Lippen mattieren, Fixierpuder.

Ögonskugga / Eyeliner med fuktig pensel V4 och ögonskugga 101 / Mascara / Forma ögonbrynen / Markera läpparna med röd sminkpenna, från mitten och utåt / Matta ned läpparna med fixerpuder.

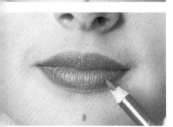

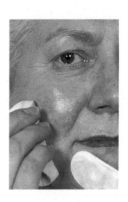

Oudere dame.
Camouflage in eigen huidskleur zéér licht op rode wangen aanbrengen / Géén andere make-up toevoegen / Dun fixeerpoeder op gezicht en oogleden / Wenkbrauwen in vorm brengen / Lichte oogschaduw op rand ooglid, donkere (575) op overhangend ooglid / Mascara aanbrengen / Mix van lichte pearl lipstick en gloss aanbrengen / Zachte rouge op jukbeen en slapen.

Elderly lady.
Apply camouflage in own colour of the skin very thinly to the red cheeks / Don't apply any other make-up / Fixing-powder thinly on face and eyelids / Model the eyebrows / Light eyeshadow on the rim of the eyelid, dark (575) on upper eyelid / Apply mascara / Apply mix of light pearl lipstick and gloss / Soft rouge on cheekbone and temples.

Ältere Dame.
Camouflage in Hautfarbe dünn auf die roten Wangen / Kein anderes Make-up / Fixierpuder dünn auf Gesicht und Lider / Augenbrauen formen / Heller Lidschatten am Wimpernrand, dunkler (575) auf oberem Lid / Wimperntuschen / Eine Mischung aus hellen Pearl Lippenstift und Gloss auftragen / Sanftes Rouge auf Jochbein und Schläfen.

Äldre dam
Applicera camouflage i den egna hudfärgen mycket tunt på de röda kinderna / Applicera ingen annan make-up / Fixerpuder tunt på ansikte och ögonlock. Forma ögonbrynen / Ljus ögonskugga på ögonlocket, mörk (575) under ögonbrynet / Mascara / Applicera en blandning av ljust pärlemorläppstift och gloss / Svag rouge på kindben och tinningar.

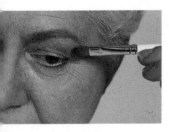

Jong meisje.
Foundation in de huidskleur /
Correctiestick of camouflage make-up
met penseel dun op pukkeltjes /
Make-up poeder / Wenkbrauwen vormen.

Young girl.
Foundation in colour of the skin /
Correction stick or camouflage make-up
with brush thinly on pimples / Make-up
powder / Model eyebrows.

Junges Mädchen.
Foundation in Hautfarbe / Correction
Stift oder Camouflage mit Pinsel dünn
auf Pickel / Make-up Puder /
Augenbrauen betonen.

Ung flicka
Foundation i den egna hudfärgen /
Correctionsstick eller camouflage
make-up appliceras tunt på plitor och
röda prickar med pensel / Make-up puder
/ Forma ögonbrynen.

120

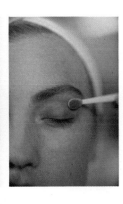

Lichtbruine oogschaduw / Bovenste oograng met make-up potlood blauw / Mascara / Lipstick 5-22, 23 of -24 met gloss mixen.

Light-brown eyeshadow / Upper rim of the eye with blue make-up pencil / Mascara / Mix lipstick 5-22,23 or -24 with gloss.

Hellbrauner Lidschatten / Oberer Lidrand Make-up Stift blau / Mascara / Lippenstift 5-22,23 oder -24 mit Gloss mischen.

Ljusbrun ögonskugga / Eyeliner med blå sminkpenna / Mascara / Blanda gloss med läppstift 5.22, 5.23 eller 5.24.

Pukkeltjes en oogranden.
Camouflage IV5 uitnemen, zacht maken en op donkere oograND aanbrengen met penseel V4.

Pimples and eyepouches.
Take out camouflage IV5, make soft and apply to dark crease of the eyepouches with brush V4.

Pickel und Augenränder.
Camouflage IV5 weichrühren und mit Pinsel V4 dünn auf die Augenränder auftragen.

Finnar, plitor och påsar under ögonen Tag camouflage IV5, gör den mjuk och lägg den i linjen under "påsen under ögat" med pensel V4.

124

Daarna zéér weinig under make-up base / Deppend inwerken, latex sponsje / Afpoederen, fixeerpoeder / Overtollig poeder verwijderen.
Camouflage make-up in juiste kleur mengen en zacht maken, spatel / Aanbrengen met penseel / Inkloppen, latex sponsje / Fixeerpoeder, lamswollen dons.

Next apply a very small amount of under-make-up base / Dab with latex sponge / Powder, fixing powder / Remove excess powder.
Mix camouflage make-up in the right colour and make soft, spatula / Apply with brush / Dab in, latex sponge / Fixing powder, lambswool puff.

Als nächstes wenig Under Make-up base auftragen / Mit Latex Schwamm einarbeiten / Puder, Fixierpuder / Überschuß entfernen.
Camouflage in der richtigen Farbe mischen und weichrühren, Spatel / Mit Pinsel auftragen / Einarbeiten, Latex Schwamm / Fixierpuder, Lammwollquast.

Stryk därefter på mycket lite under-make-up / Dutta med latexsvamp / Fixerpuder / Avlägsna överflödigt puder.
Blanda camouflage make-up till rätt färg och mjukgör med spatel / Applicera med pensel / Dutta på med latexsvamp / Fixerpuder, velourpudervippa.

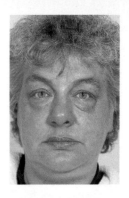

Oogwallen.
Camouflage IV5 met penseel V4 in de lijnen van de oogwal aanbrengen / Een lichte make-up leidt de aandacht van de oogwal af en maakt het gezicht "frisser".

Eye-pouches.
Apply camouflage IV5 with brush V4 to the crease of the eye-pouch / A light make-up distracts the attention from the pouch and gives the face a "fresher" look.

Tränensäcke
Camouflage IV5 mit Pinsel V4 in die Vertiefung unter den Tränensäcken geben / Ein leichtes Make-up lenkt den Blick vom Tränensack und gibt dem Gesicht ein frischeres Aussehen.

Påsar under ögonen
Applicera camouflage IV5 med pensel V4 i kanten under "påsen" / Det ljusa avleder uppmärksamheten från "påsen" och ger ansiktet ett yngre utseende.

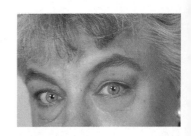

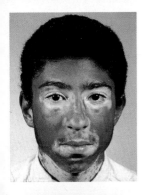

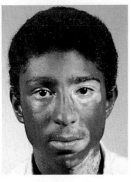

Vitiligo.
Huid schoon, dus vetvrij maken / Juiste kleur op spatel mengen, camouflage D / Deppend aanbrengen, latex sponsje / Afpoederen, fixeerpoeder / Na 10 minuten overtollig poeder verwijderen.

Vitiligo.
Cleanse the skin, so remove oily film / Mix right colour on spatula, camouflage D / Apply dabbing, latex sponge / Powder, fixing powder / After 10 minutes remove excess powder.

Vitiligo.
Haut reinigen, fettfrei machen / Richtige Farbe auf Spatel mischen, Camouflage D / Tupfend auftragen, Latex Schwamm / Puder, Fixierpuder / Nach 10 Minuten Puderüberschuß entfernen.

Vitiligo
Rengör huden och torka / Blanda till de rätta färgerna på spatel, camouflage D / Dutta på med latexsvamp / Fixerpuder / Efter 10 minuter avlägsnas överflödigt puder.

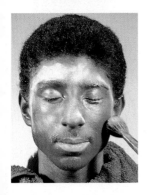

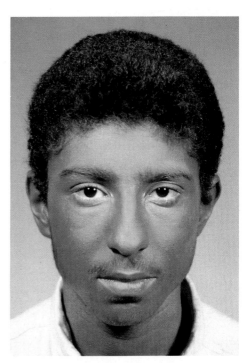

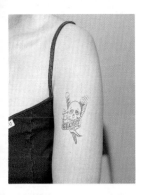

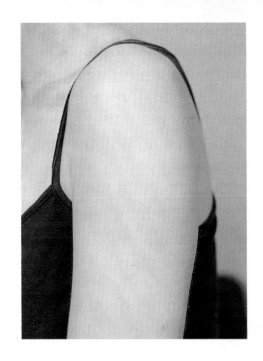

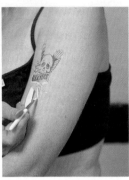

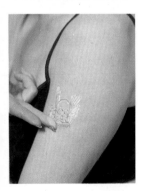

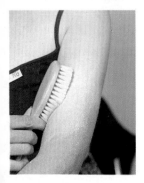

Tatoeage.
Huid schoon, dus vetvrij maken / Tatoeage overtekenen, camouflage make-up 001-IV5 / Camouflage make-up in huidskleur deppend aanbrengen / Afpoederen, fixeerpoeder / Na 10 minuten overtollig poeder verwijderen.

Tattoo.
Cleanse the skin, so remove oily film / Copy tattoo, camouflage make-up 001-IV5 / Dab on skin tone camouflage make-up / Powder, fixing powder / Remove excess powder after 10 minutes.

Tätowierungen.
Haut fettfrei reinigen / Die Tätowierung nachzeichnen mit Camouflage 001-IV5 / Camouflage Make-up in Haut-Farbe tupfend auftragen / Fixierpuder / Überschuß nach 10 Min. entfernen.

Tatueringar
Rengör huden och torka / Täck taţueringen, 001, IV5 / Dutta på camouflage make-up / Fixerpuder / Efter 10 minuter avlägsnas överflödigt puder.

129

**Ouder maken.**
Sponsje natmaken / Goed uitknijpen, evt. met tissue / Sponsje zuigt dan geen make-up op / Vegend, daarna deppend, dun aanbrengen. Ook ooglid en lippen / Model kijkt omhoog. Met de rand van het sponsje make-up aanbrengen.

**Ageing.**
Moisten sponge / Squeeze well, if necessary use tissue / This way sponge doesn't absorb make-up / Apply thinly, first wiping, then dabbing, also on eye-lid and lips / Model looks up. Apply make-up with edge of sponge.

**Älterschminken.**
Schwamm anfeuchten / Gut aus-drücken, evtl. mit Kleenex / So saugt der Schwamm kein Make-up auf / Dünn auftragen, erst streichend, dann tupfend, auch auf Lidern und Lippen / Modell schaut hoch, Make-up mit Rand vom Schwamm auftragen.

**Äldre mask**
Fukta en svamp / Krama ur mycket noga, eventuellt med servett / Fuktig svamp suger inte åt sig make-up / Lägg tunt, stryk på det först, dutta sedan, även ögonlock och läppar / Modellen tittar uppåt, applicera make-up med kanten av svampen.

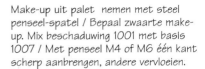

Make-up uit palet  nemen met steel penseel-spatel / Bepaal zwaarte make-up. Mix beschaduwing 1001 met basis 1007 / Met penseel M4 of M6 één kant scherp aanbrengen, andere vervloeien.

Take make-up out from palette using handle of brush or spatula / Determine strength of make-up. Mix shading 1001 and base 1007 / Using brush M4 or M6 apply one side sharply, blending the other side.

Make-up aus der Palette nehmen mit dem Pinselstiel oder Spatel / Bestimme die Stärke des Make-up. Mische Schattierton 1001 und Basiston 1007 / Mit Pinsel M4 oder M6 eine Seite scharf auftragen, die andere Seite ausarbeiten.

Tag sminket ur paletten med en pensel eller spatel / Bestäm styrkan på sminket, blanda skugga 1001 och grundsmink 1007 / Använd pensel M4 eller M6, skarp linje på ena sidan, tona ut den andra sidan.

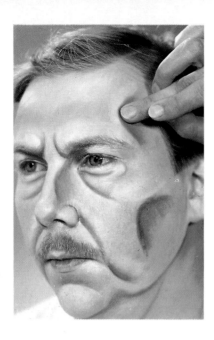

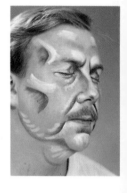

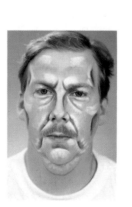

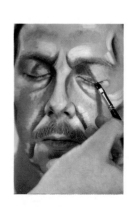

Belichting 001 tegen donkere lijnen aanbrengen / Ooglid en voorhoofd beschaduwen en belichten / Grotere vlakken
met de vingers uitwerken.

Apply highlights 001 to dark lines /
Shade and highlight eye-lid and
forehead / Use the fingers for larger
areas.

Füge aufheller 001 zu dunklen Linien /
Lider und Stirn aufhellen und
schattieren / Größere Flächen mit den
Fingern ausarbeiten.

"Lys upp" med 001 vid de mörka linjerna
/ Skugga och lys upp ögonlock och
panna / Arbeta med fingrarna på större
områden.

134

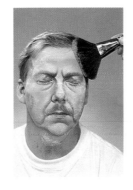

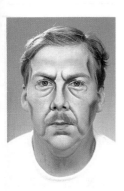

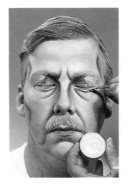

Rijkelijk poederen, lamswollen dons of poederborstel / Overtollig poeder verwijderen. Make-up is nu mat en gefixeerd / Wimpers kleuren met basiskleur in water make-up. Wimper valt minder op / Wenkbrauwen, snor en haar met water make-up 102. Crème make-up is niet geschikt om haar te kleuren.

Powder generously, lambswool puff or powder brush / Remove excess powder. Make-up will now be matt and fixed / Colour eyelashes with base colour water make-up. Eyelash less conspicuous / Eyebrows, moustache and hair, water make-up 102. Crème make-up is not suitable for colouring hair.

Reichlich pudern, Lammwollquast oder Puder-Pinsel / Überschuß entfernen. Das Make-up ist jetzt matt und fixiert / Wimpern mit Water Make-up (Hautfarbe) färben. Wimpern weniger betont / Augenbrauen, Bart und Haar, Water Make-up 102. Creme Make-up ist nicht geeignet zum Färben von Haar.

Rikligt med puder, velourpudervippa eller puderpensel / Avlägsna överflödigt puder. Make-upen är nu matt och fixerad / Färga ögonfransarna med grundfärgen i vattensmink. Ögonfransarna blir mindre framträdande / Ögonbryn, mustasch och hår, water make-up 102. Creme make-up är inte lämpligt till hårfärg.

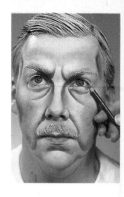

Om "kleur" te krijgen rouge 540 licht aanbrengen / Oogrand aanzetten, make-up potlood donkerrood / Met stippelsponsje op hand zwaarte coupe-rose bepalen, crème make-up 504 / Deppend afpoederen.

To make more "colourful" apply rouge 540 thinly / Accentuate rim of the eye, make-up pencil dark red / Check amount of red vein effect on the hand using a stipple sponge, crème make-up 504 / Powder dabbing.

Zum beleben dünn Rouge 540 / Lidrand akzentuieren mit Make-up Stift dunkelrot / Bestimme die Stärke der Couperose auf Handrücken mit Stippelschwamm, Creme Make-up 504 / Puder tupfend auftragen.

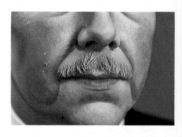

För att gör det mer "färgrikt", applicera svag rouge 540 / Framhäv ögonkanten, mörkröd make-up penna / Kontrollera mängden av "blodsprängningar" på handen, använd skäggbottensvamp, creme make-up 504 / Pudra.

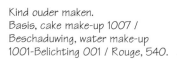

Kind ouder maken.
Basis, cake make-up 1007 /
Beschaduwing, water make-up
1001-Belichting 001 / Rouge, 540.

Ageing a child.
Base, cake make-up 1007 / Shading,
water make-up 1001-Highlighting 001 /
Rouge, 540.

Ein Kind älter machen.
Basis, Cake Make-up 1007 /
Schattieren, Water Make-up
1001-Aufhellen 001 / Rouge 540.

Att göra ett barn äldre
Grundfärg, cake make-up 1007 /
Skugga, water make-up 1001, ljus 001,
rouge 540.

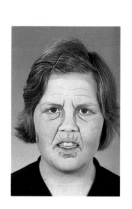

Basis, cake make-up D-kleur / Belichting rimpels, neusplooi, kin en onder buitenkant wenkbrauwen, water make-up 201 / Naast de lichte vlakken 101 / Haar en enkbrauwen, water make-up 001.

Base, cake make-up D-tone / Highlight wrinkles, fold beside the nose, chin and below outside eyebrows, water make-up 201 / Next to light areas 101 / Hair and eyebrows, water make-up 001.

Basis, Cake Make-up D-Ton / Falten, Nasolabial-Falte, Kinn und unterhalb des äußeren Brauenendes, aufhellen mit Water Make-up 201 / Neben den hellen Flächen 101 / Haare und Augenbrauen, Water Make-up 001.

Grundfärg, cake make-up, D-ton / Ljust i rynkor, vecken vid näsan, kinder och under yttersidan av ögonbrynen, water make-up 201 / Vid sidan av ljusa områden, 101 / Hår och ögonbryn, water make-up 001.

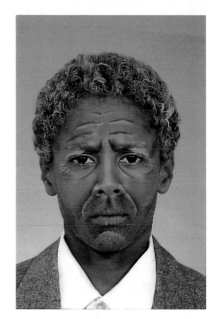

Middelbare leeftijd.
Basis crème make-up 1006 / Bechaduwingskleur goed op de hand mengen met basis. Make-up is daardoor minder hard / Afhankelijk van typering oogschaduw, rouge en lipstick aanbrengen.

Middle age.
Base, crème make-up 1006 / Mix shading colour and base well on the hand. Make-up will be less pronounced / Apply eyeshadow, rouge and lipstick in accordance with desired characterisation.

Mittleres Alter.
Basis, Creme Make-up 1006 / Mix Schattierfarbe und Basis gut auf der Hand, Make-up wird weniger betont / Lidschatten, Rouge und Lippenstift passend zu gewünschten Charakter auftragen.

Medelålders
Grundfärg, creme make-up 1006 / Blanda skugga och grundfärg noga på handen. Sminket blir mindre tydligt / Applicera ögonskugga, rouge och läppstift i överrensstämmelse med önskad karaktär.

Ouder maken donkere huid.
Make-up in donkerste kleur van de huid zoeken en aanbrengen / Belichten, 202 / De daardoor ontstane bechaduwing accentueren, 101.

Ageing dark skin.
Pick make-up in darkest colour of the skin, apply / Highlighting, 202 / Accentuate shadows thereby created, 101.

Älter schminken von dunkler Hut.
Make-up im dunkelsten Ton der Haut aussuchen, auftragen / Aufhellung, 202 / Die so produzierten Schatten mit 101 akzentuieren.

Att göra mörk hud äldre
Välj make-up i hudens mörkaste färgton / Ljus, 202 / Framhäv existerande skuggor, 101.

Handen ouder maken.
Basis, cake make-up 1007 /
Beschaduwing, rouge 565, penseel M6 /
Belichting, rouge 001.

Ageing hands.
Base, cake make-up 1007 / Shading,
rouge 565, brush M6 / Highlighting,
rouge 001.

Basis, Cake Make-up 1007 / Schatten,
Rouge 565, Pinsel M6 / Aufhellung,
Rouge 001.

Äldre hand
Grundfärg, cake make-up 1007 /
Skugga, rouge 565, pensel M6 / Ljus,
rouge 001.

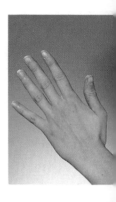

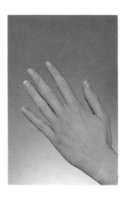

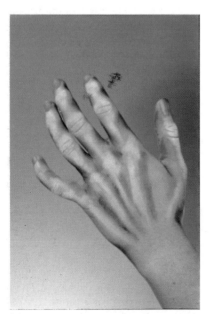

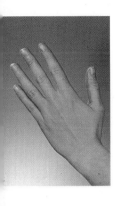

Basis, cake make-up 1006 / Vuist maken en op knokkels licht deppend cake make-up B10 / Hand strekken. Belichten, cake make-up 001.

Base, cake make-up 1006 / Make fist and apply cake make-up B10 to knuckles by dabbing lightly / Stretch hand. Highlight, cake make-up 001.

Basis, Cake Make-up 1006 / Eine Faust machen und Cake Make-up B10 auf den Knöchel leicht tupfend auftragen / Hand strecken. Aufhellen, Cake Make-up 001.

Grundfärg, cake make-up 1006 / Knyt handen och lägg cake make-up B10 på knogarna genom att dutta lätt / Sträck handen, ljus, cake make-up 001.

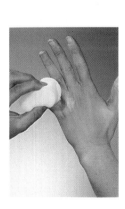

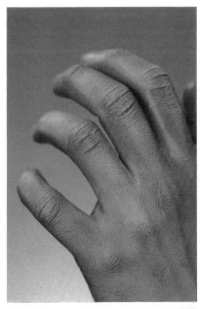

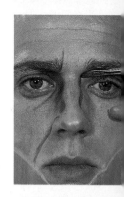

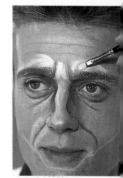

Sinterklaas.
Zie ook blz. 132 en 216. Baard omhangen
en aftekenen, make-up potlood wit
(baard wordt niet vuil) / Basis, crème
make-up 1002 / Beschaduwen, 1001.
Belichten, 001 / Afpoederen /
Coupe-rose deppend afpoederen /
Wenkbrauwen, water make-up 001.

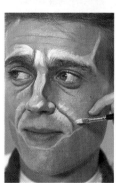
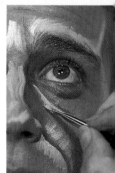

Sinterklaas.
See p. 132 and 216. Fit beard and
outline, make-up pencil white (beard
doesn't get smudged) / Base, crème
make-up 1002 / Shading, 1001.
Highlighting, 001 / Powder / Powder red
vein effect dabbing / Eyebrows, water
make-up 001.

Nikolaus.
Siehe Seite 132 und 216. Bart anpassen
und umzeichnen mit weißem Make-up
Stift (so wird der Bart nicht
beschmutzt) / Basis, Creme Make-up
1002 / Schatten, 1001, Aufhellung, 001
/ Puder / Couperose mit Puder auftupfen
/ Augenbrauen, Water Make-up 001.

Santa Claus
Se sid 132 och 216. Tillpassa skägg och
konturer, vit sminkpenna (skägget blir
inte smutsigt) / Grundfärg, creme
make-up 1002 / Skugga 1001. Ljus, 001
/ Puder / Pudra på "blodsprängningarna"
/ Ögonbryn, water make-up 001.

Baard omhangen / Brede stukken wolcrêpe knippen / Mastix-extra aanbrengen / Wolcrêpe in lijm drukken / Wolcrêpe goed aandrukken en met steel puntkam in baard verdelen / Mastix-extra op huid en snor aanbrengen / Snor goed vastdrukken.

Apply beard / Cut broad pieces of crêpe wool / Apply spirit gum-extra / Press crêpe wool into glue / Hold down crêpe wool firmly, blend it into beard using point of tail comb / Apply spirit gum-extra to skin and moustache / Fix moustache pressing firmly.

Bart befestigen / Breite Stücke Wollkrepp schneiden / Mastix-Extra auftragen / Krepp auf den Kleber setzen / Wollkrepp lockern und gleichmäßig verteilen mit dem Stiel von Toupierkamm / Mastix-Extra auf Haut und Schnurrbart auftragen / Schnurrbart befestigen, gut andrücken.

Sätt på skägget / Klipp ett brett stycke av ullcrepe / Applicera mastix-extra / Pressa in ullcrepen i limmet / Håll ullcrepen stramt nedåt och blanda in den i skägget med den spetsiga änden av en kam / Stryk på mastix-extra på huden till mustasch / Tryck fast mustaschen.

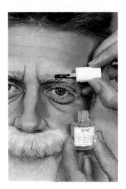

Van te voren gemaakte wenkbrauwen
vastplakken en in model knippen (zie
p. 222)

Apply ready made eyebrows and cut
to model (see p. 222).

Fertig gemachte Augenbrauen
anbringen und in Form schneiden
(Seite 222).

Sätt fast färdiga ögonbryn och ansa
dem.

Kerstman.
Basis, crème make-up 1033 / Wangen oplichten, 001, crème make-up 501 (zie ook blz. 165) / Verder zelfde technieken als Sinterklaas.

Father Christmas.
Base, crème make-up 1033 / Highlight cheeks, 001, crème make-up 501 (see p. 165) / Continue using same techniques as for Sinterklaas.

Weihnachtsmann.
Basis, Creme Make-up 1033 / Wangen betonen, 001, Creme Make-up 501 (siehe Seite 165) / Mit den gleichen Techniken wie Nikolaus weitermachen.

Jultomte
Grundfärg, creme make-up 1033 / Ljus på kinderna, creme make-up 501 (se sid 165) / Fortsätt med samma tillvägagångssätt som till Santa Claus.

Zwarte Piet.
Huid reinigen, cleansing lotion / Bij droge huid under make-up base / Lipstick 5-1, penseel L4 / Basis, cake make-up 1001 rond ogen, neus en mond, vochtig penseel R8 of M8. Make-up aan de rand van het doosje uitnemen / Rest van het gezicht, cake make-up deppend, vochtig sponsje.

Zwarte Piet.
Cleanse skin, cleansing lotion / In case of dry skin under-make-up base / Lipstick 5-1, brush L4 / Cake make-up 1001 around eyes, nose and mouth, moistened brush R8 or M8. Take make-up from the edge of the container / Rest of the face dab cake make-up with damp sponge.

Knecht Ruprecht.
Haut mit Cleansing Lotion reinigen / Bei trockener Haut, Under Make-up base / Lippenstift 5-1, Pinsel L4 / Cake Make-up 1001 rund um Augen, Nase und Mund mit feuchtem Pinsel R8 oder M8. Make-up vom Rand der Dose nehmen / Rest des Gesichtes Cake Make-up tupfend mit feuchten Make-up Schwamm.

Svarte Per
Rengör huden, cleansing lotion / Vid torr hud, under-make-up base / Läppstift 5.1, pensel L4 / Cake make-up 1001 runt ögon och mun, fuktig pensel R8 eller M8. Tag make-upen från kanten av dosan / Resten av ansiktet, dutta cake make-upen med fuktig svamp.

Wenkbrauwen aanzetten, water make-up 101 / Na droging cake make-up lichtjes uitwrijven met zachte doek of tissue (natuurlijk effect).
Verwijderen, cleansing cream / Huid verzorgen, skin care cream.

Apply eyebrows, water make-up 101 / When cake make-up has dried wipe gently with a soft cloth or tissue (natural effect).
To remove, cleansing cream / Taking care of the skin, skin care cream.

Augenbrauen mit Water Make-up 101 malen / Wenn das Cake Make-up trocken ist, leicht mit einem weichem Tuch oder Tissue auswischen (natürlicher Effekt).
Entfernen, cleansing cream / Hautpflege, Skin care cream.

Lägg ögonbryn, water make-up 101 / När cake-makeupen är torr, fördela den med en fuktig trasa eller servett (naturlig effekt). Till rengöring, cleansing cream / Vid behov, skin care cream.

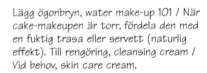

Wenkbrauwen wegwerken.
Eyebrow plastic uitnemen met spatel /
Met de haarrichting mee op de
wenkbrauw uitstrijken (niet te hard
duwen!) / Afdekken met camouflage
make-up in lichte kleur / Afpoederen,
transparantpoeder / Cake make-up
aanbrengen.

Blocking out eyebrows.
Take out eyebrow plastic with spatula /
Spread on the eyebrow in the direction
of the natural hair line without pressing
to hard / Cover with light colour
camouflage make-up / Powder,
transparent powder / Apply cake
make-up.

Augenbrauen abdecken, Eyebrowplastic
mit Spatel entnehmen / Auf der
Augenbrauen verteilen in Wucherichtung
der Brauenhaare ohne zu stark zu
drücken / Mit heller Camouflage
Make-up abdecken / Puder,
Transparentpuder / Cake Make-up
auftragen.

Ta bort ögonbryn Tag eyebrow plastic
med en spatel / Applicera på
ögonbrynen i hårens riktning utan att
pressa för hårt / Täck med en ljus färg,
camouflage make-up / Transparent
puder / Applicera cake make-up.

Toneel make-up.
Cake make-up op sponsje mengen /
Oogschaduw met Pearl lipstick, palet
LP1. Prima geschikt voor degenen die
geen poeder oogschaduw kunnen
verdragen.

Stage make-up.
Mix cake make-up on sponge /
Eyeshadow with Pearl lipstick, palette
LP1. Very suitable for people who are
sensitive to powder eyeshadow.

Bühnen Make-up.
Cake Make-up auf Schwamm mischen /
Lidschatten mit Pearl-Lippenstift,
Palette LP1. Sehr empfehlenswert für
Leute, die empfindlich auf
Lidschattenpuder reagieren.

Scen make-up
Blanda cake make-up på svampen /
Ögonskugga med pärlemorläppstift,
palett LP1. Mycket lämpligt för personer
som inte kan använda puderögonskugga.

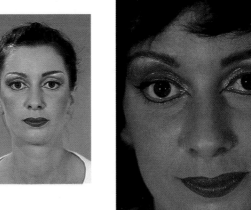

**Dans.**
Wenkbrauwen, eyebrow plastic / Basis, cake make-up G1 / Eyeliner en wenkbrauwen, water make-up 101 / Oogschaduw, lipstick, rouge.

**Dance.**
Eyebrows, eyebrow plastic / Base, cake make-up G1 / Eyeliner and eyebrows, water make-up 101 / Eyeshadow, lipstick, rouge.

**Tänz.**
Brauen, Eyebrow Plastic / Basis, Cake Make-up G1 / Lidstrich und Augenbrauen, Water Make-up 101 / Lidschatten, Lippenstift, Rouge.

**Dansare**
Ögonbryn, eyebrow plastic / Grundfärg, cake make-up G1 / Eyeliner och ögonbryn, water make-up 101 / Ögonskugga, läppstift och rouge.

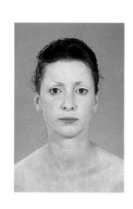

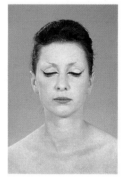

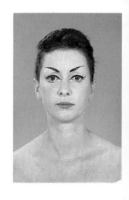

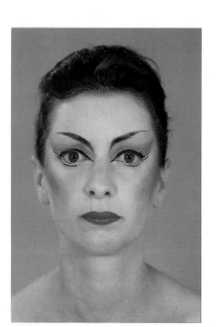

Basis, cake make-up W3 / Eyeliner boven vanuit de ooghoek naar buiten doortrekken. Onder ca. 5 mm. van het oog / Tussen de lijnen wit aanbrengen (vergroten). Oogschaduw, lipstick, rouge.

Base, cake make-up W3 / Apply eyeliner on the upper eye-lid, starting at the corner of the eye moving outwards. Below appr. 5 mm. from the eye / Apply white between the lines (enlarging). Eyeshadow, lipstick, rouge.

Basis, Cake Make-up W3 / Oberlid, Lidstrich, der ab äußeren Augenwinkel nach oben geht. Unterlid, Lidstrich ca. 5 mm. entfernt vom Auge / Weiß zwischen die linien setzen (vergrößert). Lidschatten, lippenstift, Rouge.

Grundfärg, cake make-up W3 / Applicera eyeliner på ögonlockets kant, börja i innersta ögonvrån och dra utåt. Undertill ca 5 mm från ögat / Lägg vitt mellan linjerna (förstorar). Ögonskugga, läppstift och rouge.

Dom blondje.
Basis, cake make-up W3 / Eyeliner,
wenkbrauwen en wimpers, water make-up
101 /
Oogschaduw, rouge en lipstick, water
make-up 506 / Tipcrème op lippen.

Dumb blonde.
Base, cake make-up W3 / Eyeliner,
eyebrows and eyelashes, water make-up
101 / Eyeshadow, rouge and lipstick,
water make-up 506 / Tip crème on the
lips.

Dummes Blondchen.
Basis, Cake Make-up W3 / Lidstrich,
Brauen und Wimpern, Water Make-up
101 / Lidschatten, Rouge und
Lippenstift, Water Make-up 506 / Tip
Creme auf den lippen.

"Dum blondin"
Grundfärg, cake make-up B2 / Eyeliner,
ögonbryn och ögonfrans, water make-up
101 / Ögonskugga, rouge och läppstift,
water make-up 506 / Tip creme på
läpparna.

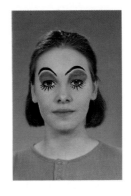

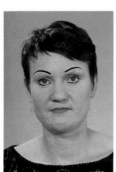

Charleston.
Wenkbrauwen, eyebrow plastic / Basis,
cake make-up B2 / Wenkbrauwen,
eyeliner en haar, water make-up 101 /
Oogschaduw, lipstick, rouge.

Charleston.
Eyebrows, eyebrow plastic / Base, cake
make-up B2 / Eyebrows, eyeliner and
hair, water make-up 101 / Eyeshadow,
lipstick, rouge.

Charleston.
Brauen, Eyebrow Plastic / Basis, Cake
Make-up B2 / Brauen, Lidstrich und
Haar, Water Make-up 101 / Lidschatten,
Lippenstift, Rouge.

Charleston
Ögonbryn, eyebrow plastic / Grundfärg,
cake make-up B2 / Ögonbryn, eyeliner
och hår, water make-up 101 / Ögonbryn,
läppstift och rouge.

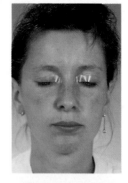

 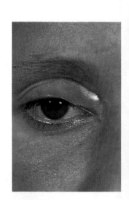

Oosters oog.
Ooglid reinigen, cleansing lotion / Stukje toupetband maanvormig op maat knippen en plakken / Basis, crème make-up 1004 / Poederen / Bovenste oogrand en wenkbrauwen, water make-up 101.

Oriental eye.
Clean upper eye-lid, cleansing lotion / Cut a piece of toupé-tape to size, moonshaped. Apply / Base, crème make-up 1004 / Powder / Upper rim of the eye and eyebrows, water make-up 101.

Orientalisches Auge.
Oberlid reinigen, Cleansing Lotion / Ein Stück Toupettape passend, mondförmig zuschneiden. Auf das obere Lid kleben / Basis Creme Make-up 1004 / Pudern / Oberer Lidrand und Brauen, Water Make-up 101.

Orientaliska ögon
Rengör övre ögonlocket, cleansing lotion / Klipp en bit toupétejp, månformad. Placera den på översta ögonlocket / Grundfärg 1004 / Över ögonfranskanten och ögonbryn, water make-up 101.

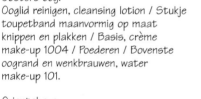

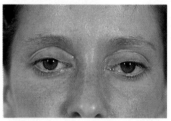

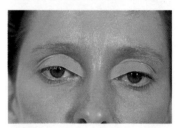

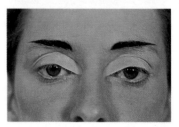

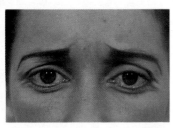

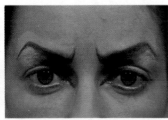

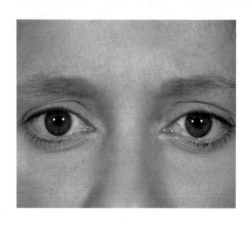

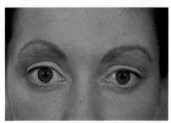

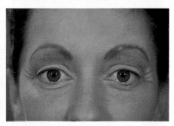

Diverse ogen.
Veranderingen van de wenkbrauwen,
belichting en beschaduwing bij de ogen.
Zie ook blz. 84.

Various eyes.
Changing the eyebrows, highlighting and
shading the eyes. See also p. 84.

Verschiedene Augen.
Augenbrauen verändern, Augen aufhellen
und schattieren. Siehe S. 84.

Olika ögonbryn
Ändra ögonbrynen med ljus och skugga.
Se även sid 84.

157

Geisha.
Wenkbrauwen, eyebrow
plastic-camouflage make-up 001 /
Basis, cake make-up 001 / Lippen hoger
en smaller / Eyeliner en wenkbrauwen,
101 / Rouge en oogschaduw, 541.

Geisha.
Eyebrows, eyebrow plastic-camouflage
make-up 001 / Base, cake make-up 001
/ Lips smaller and higher / Eyeliner and
eyebrows, 101 / Rouge and eyeshadow,
541.

Geisha.
Brauen, Eyebrow Plastic-Camouflage
Make-up 001 / Basis, Cake Make-up 001
/ lippen kleiner und höher / Lidstrich und
Augenbrauen, 101 / Rouge und
Lidschatten, 541.

Geisha
Ögonbryn, eyebrow plastic, camouflage
make-up 001 / Grundfärg, cake make-up
001 / Läpparna smalare och högre /
Eyeliner och ögonbryn, 101 / Rouge och
ögonskugga 541.

Kabuki.
Kale kop aanbrengen, zie blz. 232 /
Wenkbrauwen, eyebrow plastic / Basis,
camouflage make-up 001 / Belijning,
rood 501. Wenkbrauwen, camouflage
make-up 101 / Goed poederen,
transparant poeder.

Kabuki.
Apply bald cap, see p. 232 / Eyebrows,
eyebrow plastic / Base, camouflage
make-up 001 / Lines, red 501. Eyebrows,
camouflage make-up 101 / Powder well,
transparent powder.

Kabuki.
Glatze anbringen (siehe Seite 232) /
Brauen, Eyebrow Plastic / Basis,
Camouflage Make-up 001 / Linien, rot
501 / Brauen, Camouflage Make-up 101 /
Gut pudern, Transparentpuder.

Kabuki
Sätt på flintskallehätta, se sid 232 /
Grundfärg, camouflage make-up 001 /
Linjer, röd 501. Ögonbryn, camouflage
make-up 101 / Rikligt med transparent
puder.

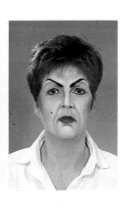

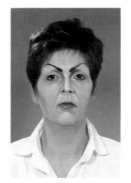

### Stiefmoeder.
Wenkbrauwen wegwerken, eyebrow plastic / Basis, crème make-up W1 / Beschaduwen, mix crème make-up 301 en 102 / Wenkbrauwen, water make-up 101 / Rouge, oogschaduw en lippen, crème make-up 505 / Afpoederen.

### Stepmother.
Block out eyebrows, eyebrow plastic / Base, crème make-up W1 / Shading, mix crème make-up 301 and 102 / Eyebrows, water make-up 101 / Rouge, eyeshadow and lips, crème make-up 505 / Powder.

### Stiefmutter.
Brauen mit Eyebrow Plastic wegschminken / Basis, Creme Make-up W1 / Schatten, mix Creme Make-up 301 und 102 / Brauen, Water Make-up 101 / Rouge, Lidschatten und Lippen, creme Make-up 505 / Puder.

### Styvmoder
Täck ögonbrynen med eyebrow plastic / Grundfärg, creme make-up W1 / Skugga, blanda creme make-up 301, 102 / Ögonbryn, water make-up 101 / Rouge, ögonskugga och läppar, creme make-up 505 / Pudra.

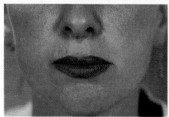

**Lippen.**
Lippen poederen met fixeerpoeder (mat en "kiss-proof") / Lippen glänzend maken met lipgloss. Zie ook blz. 91.

**Lips.**
Powder the lips with fixing powder (mat and "kiss-proof") / Make lips shiny with lipgloss. See also p. 91.

**Lippen.**
Lippen mit Fixierpuder abpudern (matt und "kussecht") / Lippen glänzend machen mit Lipgloss. Siehe auch Seite 91.

**Läppar**
Pudra läpparna med fixerpuder (matt och kyssäkta) /
Gör läpparna blanka med lipgloss. Se även sid 91.

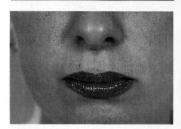

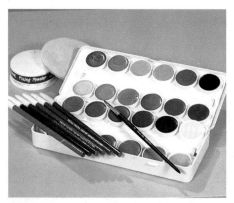

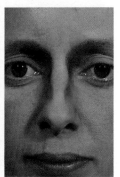

Diverse neuzen.
Beschaduwing en belichting bepalen de
vorm van de neus.

Various noses.
Shades and highlights determine the
shape of the nose.

Verschiedene Nasen.
Schatten und Licht bestimmen die Form
der Nase.

Olika näsor
Ljus och skugga avgör näsans form.

Gangster.
Basis, cake make-up LE / Baardschaduw,
rouge 565 / Beschaduwen, rouge 565.
Belichten, rouge 001 / Rimpels op
voorhoofd intekenen, rouge 565. Onder
belichten, boven uitschaduwen.

Gangster.
Base, cake make-up LE / Shade of beard,
rouge 565 / Shading, rouge 565.
Highlights, rouge 001 / Draw wrinkles on
forehead, rouge 565. Highlight below,
shade above.

Gangster.
Basis, Cake Make-up LE / Bartschatten,
Rouge 565 / Schatten, Rouge 565. Auf-
hellen, Rouge 001 / Zeichne Falten auf
Stirn, Rouge 565. Hell unten, dunkel
darüber.

Gangster
Grundfärg, cake make-up LE / Skugga
av skägg, rouge 565 / Skugga, rouge
565 / Ljus, rouge 001 / Teckna rynkor i
pannan, rouge 565. Ljus under, skugga
över.

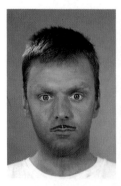

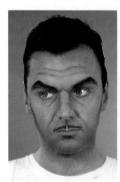
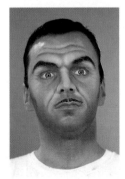

Bolle wangen.
Basis, crème make-up 1002 / Lijn vanuit de neus-lippenplooi om de wangen, 504. Omhoog uitschaduwen, scherpe kant, 1001 / Zelfde techniek vanuit de buitenste ooghoek naar beneden / Belichten, 001 / Wenkbrauwen, water make-up 1001 / Lipstick 501, rouge 501 vóór op de wangen / Afpoederen, transparantpoeder.

Plump cheeks.
Base, crème make-up 1002 / Draw a line from the fold between nose and lips around the cheeks, 504. Shading upwards, sharp side, 1001 / Use the same technique from the outer corner of the eye downwards / Highlighting, 001 / Eyebrows, water make-up 1001 / Lipstick 501, rouge 501 at the front of the cheeks / Powder, transparent powder.

Apfel Bäckchen.
Basis, Creme Make-up 1002 / Eine Linie von der Nasolabialfalte rund um die Wangen zeichnen, 504. Aufwärts schattieren, scharfe Seite, 1001 / Die selbe Technik anwenden vom äußeren Augenwinkel abwärts / Aufhellen, 001 / Brauen, Water Make-up 1001 / Lippenstift, 501, Rouge, 501 vorne auf den Wangen / Puder, Transparentpuder.

Framträdande kinder
Grundfärg, creme make-up 1002 / Tekna en linje från vecket mellan näsan och läpparna runt om kinderna, 504. Skugga uppåt, skarp linje nedåt, 1001 / Använd samma teknik från yttersta ögonvrån och nedåt / Ljus, 001 / Ögonbryn, water make-up 1001 / Läppstift 501, rouge 501 framtill på kinderna / Transparent puder.

Latex neus.
Huid reinigen, cleansing lotion / Rand aftekenen, make-up potlood of transparantpoeder / Neus inkleuren met rouge 540 / Camouflage make-up verdunnen met mastix-extra remover en op neus aanbrengen.

Latex nose.
Cleanse the skin, cleansing lotion / Outline edge, make-up pencil or transparent powder / Colour nose, rouge 540 / Dilute camouflage make-up with spirit gum-extra remover and apply to the nose.

Latex Nase.
Haut reinigen, Cleansing Lotion / Rand umrahmen mit Make-up Stift oder Transparentpuder / Nase färben, Rouge 540 / Camouflage Make-up verdünnen mit Mastix-Extra Remover und auf Nase auftragen.

Latexnäsor
Rengör huden, cleansing lotion / Markera kanterna, sminkpenna eller transparent puder / Färga näsan, rouge 540 / Förtunna camouflage make-upen med mastix-extra remover och måla näsan.

Watje in de neus (vorm en transpiratie) / Mastix-extra, ook in latex neus / Neus aanbrengen / Poeder verwijderen / Van make-up sponsje eerst stukje afknippen / Hiermee wimperlijm op de rand deppend aanbrengen.

Cotton wool into the nose (shape and perspiration) / Spirit gum-extra, also on latex nose / Apply nose / Remove powder / Cut off small piece of make-up sponge / Use to apply eyelash adhesive to the edges, dabbing.

Watte in die Nase (Form und Schwitzen) / Mastix-Extra, auch auf die Latex Nase / Nase aufsetzen / Puder entfernen / Kleines Stück von Make-up Schwamm abschneiden / Benutzen um Wimpernkleber auf die Ränder zu tupfen.

Lägg bomull i latexnäsan (för form och svett) / Mastix-extra, även på latexnäsan / Limma på näsan / Avlägsna markeringen / Klipp av en bit av svampen / Använd den till att dutta ögonfranslim på kanterna.

Drogen en herhalen / Camouflage
make-up aanbrengen / Afpoederen,
fixeerpoeder / Struktuur, stippelsponsje.

Dry and repeat / Apply Camouflage
make-up / Powder, fixing powder /
Texture, stipple sponge.

Trocknen und wiederholen / Camouflage
Make-up auftragen / Puder, Fixierpuder /
Struktur, Stippelschwamm.

Låt torka och upprepa / Lägg
camouflage make-up / Puder, fixerpuder
/ Struktur, skäggbottensvamp.

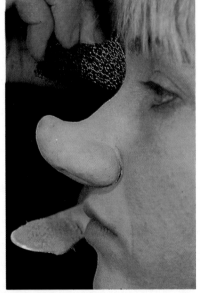

Latex neusje verwijderen en schoonmaken, mastix-extra remover / Wassen, water en zeep, poederen. Lijm van de huid verwijderen, mastix-extra remover / Reinigen met cleansing cream.

Remove and cleanse latex nose, spirit gum-extra remover / Wash, water and soap, powder. Remove glue from the skin, spirit gum-extra remover / Cleanse with cleansing cream.

Abnehemn und Latex Nase reinigen, Mastix-Extra Remover / Waschen mit Wasser und Seife / Pudern / Kleber von Haut entfernen, Mastix-Extra Remover / Mit Cleansing Cream reinigen.

Avlägsna och rengör näsan, mastix-extra remover / Tvätt, vatten och tvålflingor. Avlägsna limmet från huden. Rengör med cleansing lotion.

Clown.
Neus Nr.9 / Lippen, crème make-up 501
/ Onder de lippen, 101 / Rond ogen en
mond, 001 / Crème make-up 501
uitwerken met de vingers.

Clown.
Nose Nr. 9 / Lips, crème make-up 501 /
Below lips, 101 / Around eyes and mouth,
001 / Apply crème make-up 501 with
the fingers.

Clown.
Nase Nr. 9 / Lippen, Creme Make-up 501
/ Unter Lippen, 101 / Rund um Augen
und Mund, 001 / Creme Make-up 501
mit den Fingern anbringen.

Clown
Näsa Nr 9 / Grundfärg, creme make-up
G2 / Läppar, creme make-up 502 /
Under läpparna, 101 / Runt ögon och
mun, 001 / Fördela creme make-upen
501 med fingrarna / Fixerpuder.

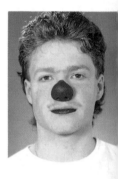

Creoolse.
Latex neus Nr. 19 / Camouflage make-up
D12 / Belichten, jukbeen, boven de lippen
en wenkbrauwen, D25 / Daarnaast
beschaduwen, 101 / Afpoederen,
fixeerpoeder.

Creole woman.
Latex nose Nr. 19 / Camouflage make-up
D12 / Highlights, cheek-bone, above lips
and eyebrows, D25 / Shades next to
this, 101 / Powder, fixing powder.

Creolin.
Latex Nase Nr. 19 / Camouflage
Make-up D12 / Aufhellung, Jochbein, über
Lippen und Brauen, D25 / Schatten
daneben, 101 / Fixierpuder.

Kreolkvinna
Latexnäsa Nr 19 / Camouflage make-up
D12 / Ljus, kindben, överläpp och
ögonbryn, D25 / Skugga vid sidan av det
ljusa, 101 / Fixerpuder.

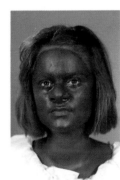

Wijnboer.
Latex neus Nr. 14 / Basis, camouflage
make-up B2 / Belichten, 001,
beschaduwen, 1001 / Coupe-rose,
stippelsponsje, 504 / Snor, wolcrêpe.

Wine Farmer.
Latex Nose Nr. 14 / Base, camouflage
make-up B2 / Highlights, 001, shades,
1001 / Red vein effect, stipple sponge,
504 / Moustache, crêpe wool.

Winzer.
Latex Nase Nr. 14 / Basis, Camouflage
Make-up B2 / Aufhellung, 001,
Schattierungen, 1001 / Couperose,
Stippelschwamm, 504 / Schnurrbart,
Wollkrepp.

Vinbonde
Latexnäsa Nr 14 / Grundfärg, camouflage
make-up B2 / Ljus, 001, skugga, 1001 /
"Blodsprängningar", skäggbottensvamp,
501 / Mustasch, ullcrepe.

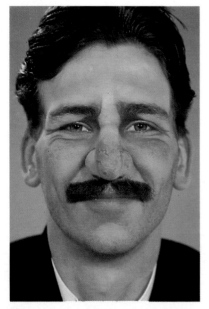

Cyrano.
Latex neus Nr. 10 / Basis W5 /
Belichten, 001, beschaduwen 1001 /
Wolcrêpe baard / Afpoederen / Rouge
540 / Geen rouge onder basiskleur neus
(valt meer op).

Cyrano.
Latex nose Nr. 10 / Base W5 /
Highlights, 001, shading, 1001 / Crêpe
wool beard / Powder / Rouge 540 / No
rouge under base-tone nose (more
pronounced).

Cyrano.
Latex Nase Nr. 10 / Basis, W5 /
Aufhellen, 001, Schatten, 1001 /
Wollkreppbart / Pudern / Rouge 540 /
Kein Rouge unter Basisfarbe Nase (fällt
mehr auf).

Cyrano
Latexnäsa Nr 10 / Grundfärg, W5 / Ljus,
001, skugga, 1001 / Ullcrepe, skägg /
Puder / Rouge 540 / Ingen rouge under
grundfärgen på näsan
(mer framträdande).

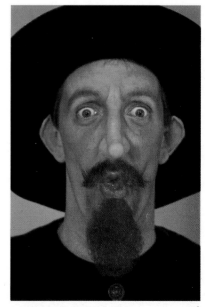

173

Quasimodo.
Ooglap Nr. 13 / Ruimte voor het oog
uitknippen / Mastix-extra op rand
aanbrengen / Kunstoog bevestigen / Ter
bescherming van oog model, pleister over
kunstoog plakken / Een oog op de latex
ooglap schilderen gaat ook met water
make-up.

Quasimodo.
Eyepatch Nr. 13 / Cut out the space for
the eye / Apply spirit gum-extra on
edges / Apply artificial eye / To protect
model's eye, put sticking plaster over
artificial eye / Painting an eye on the
latex eyepatch can also be done with
water make-up.

Quasimodo.
Augenteil Nr. 13 / Raum für das Auge
ausschneiden / Mastix-Extra auf den
Rand auftragen / Künstliches Auge
anbringen / Um das Auge des Modells
zu schützen, Pflaster auf künstliches
Auge kleben / Man kann mit Water
Make-up auch ein Auge auf das
Latex-Teil malen.

Quasimodo
Täck ögat med ögonlapp Nr 13 / Klipp
plats för öga / Extra-mastix i kanterna
/ Sätt på det konstgjorda ögat /
Skydda det riktiga ögat med
häftplåster under det konstgjorda /
Man kan också teckna ett öga på
latexen med water make-up.

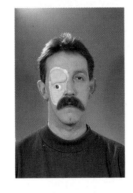

Ooglap Nr. 13 / Basis camouflage make-up GO / Belichten 001, beschaduwen 1001 / Rode oograND / Fixeerpoeder / Wenkbrauwen, wolcrêpe.

Eyepatch Nr. 13 / Base, camouflage make-up GO / Highlights 001, shading 1001 / Red rim of the eye / Fixing powder / Eyebrows, crêpe wool.

Augenteil Nr. 13 / Basis, Camouflage Make-up GO / Aufhellen 001, Schatten 1001 / Wimpernrand rot / Fixierpuder / Brauen, Wollkrepp.

Ögonlapp Nr 13 / Grundfärg, camouflage make-up GO / Ljus med 001, skugga, 1001 / Röd kant runt ögat / Fixerpuder / Ullcrepe till ögonbryn.

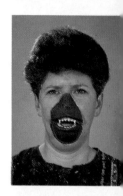

Gorilla.
Latex set Nr. 54, tanden kleuren, water
make-up 001 - basis camouflage
make-up 1001 / Basis, 1001-1004 /
Belichten 1004-001, beschaduwen
1001-101 / Fixeerpoeder / Stuk panty
ter bescherming over eigen haar /
Wolcrêpe 02 / Haar inschaduwen met
donkerder kleur wolcrêpe / Wolcrêpe kan
ook worden gekleurd met water make-up
/ Haarlak.

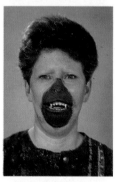
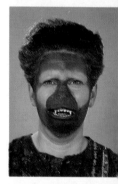

Gorilla.
Latex set Nr. 54, colour teeth, water
make-up 001 - Base, camouflage
make-up 1001 / Base, 1001-1004 /
Highlights 1004-001, shades 1001-101 /
Fixing powder / Piece of panty-hose to
protect model's hair / Crêpe wool 02 /
Shade hair with darker tone crêpe wool
/ Crêpe wool can also be coloured with
water make-up / Hair spray.

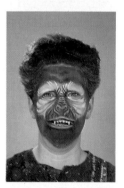
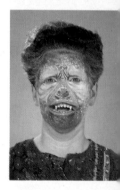

Gorilla.
Latex Set Nr. 54, Zähne schminken,
Water Make-up 001 - Basis, Camouflage
Make-up 1001 / Basis, 1001-1004 /
Aufhellung, 1004-001, Schatten,
1001-101 / Fixierpuder / Stück von
Strumpfhose zum Schutz des Haars
des Modelle / Wollkrepp 02 / Haar
schattieren mit dunklerem Ton Wollkrepp
/ Wollkrepp kann auch mit Water
Make-up gefärbt werden / Haarspray.

Gorilla
Latexset Nr 54, måla tänderna med
water make-up 001. Grundfärg,
camouflage make-up 1001 / Grundfärg
104 / Ljus, 1004, 001, skugga, 1004 /
Fixerpuder / Skydda håret med en
nylonstrumpa / Ullcrepe 02 och en
mörkare ton / Ullcrepen kan också
färgas med water make-up / Hårspray.

Heks.
Latex set Nr. 50 / Neus en kin inkleuren,
water make-up 001-103-301 / Basis
water make-up 001-103 / Beschaduwen
103-301, belichten 001.

Witch.
Latex set Nr. 50 / Colour nose and chin,
water make-up 001-103-301 / Base,
water make-up 001-103 / Shading
103-301, highlights 001.

Hexe.
Latex Set Nr. 50 / Nase und Kinn
schminken, Water Make-up 001-103-301
/ Basis, Water Make-up 001-103 /
Schatten 103-301, Aufhellen 001.

Häxa
Latexset Nr 50 / Färga näsa och haka,
water make-up 001, 103, 301 /
Grundfärg, water make-up 001, 103 /
Skugga, 103, 301, ljus, 001.

178

Duivel.
Neus Nr. 8, horens Nr. 51, puntoren Nr. 52 / Basis cake make-up 001-1075 / Beschaduwen, 507 / Baard, wolcrêpe 16 / Haar, wenkbrauwen, water make-up 101.

Devil.
Nose Nr. 8, horns Nr. 51, pointed ears Nr. 52 / Base, cake make-up 001-1075 / Shading, 507 / Beard, crêpe wool 16 / Hair, eyebrows, water make-up 101.

Teufel.
Nase Nr. 8, Hörner Nr. 51, spitze Ohren Nr. 52 / Basis, Cake Make-up 001-1075 / Schattierung, 507 / Bart, Wollkrepp 16 / Haare, Brauen, Water Make-up 101.

Djävul
Näsa Nr 8, horn Nr 51, spetsiga öron, Nr 52 / Grundfärg, cake make-up 001, 1075 / Skugga 507 / Skägg, ullcrepe Nr 16 / Hår, ögonbryn, water make-up 101.

Reptiel.
Latex neus Nr. 15 / Basis water
make-up 403 / Schubben, water
make-up 001-301 / Haar kleuren, water
make-up 403.

Reptile.
Latex nose Nr. 15 / Base, water make-up
403 / Scales, water make-up 001-301 /
Colour hair, water make-up 403.

Reptil.
Latex Nase Nr. 15 / Basis, Water
Make-up 403 / Schuppen, Water
Make-up 001-301 / Haarfarbe, Water
Make-up 403.

Kräldjur
Latexnäsa Nr 15 / Grundfärg, water
make-up 403 / Fjäll, 001, 301 / Färga
håret med water make-up 403.

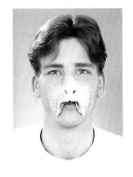

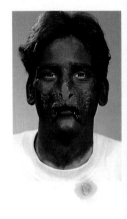

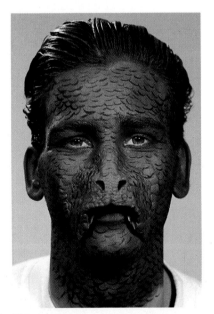

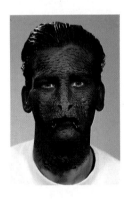

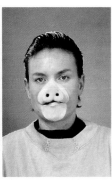

Varken.
Latex set Nr. 53 / Basis, cake make-up
001 - water make-up 506 /
Oogschaduw, 405-302 / Wenkbrauwen
101 / Wimpers lijmen / Lipstick 501.

Pig.
Latex set Nr. 53 / Base, cake make-up
001 - water make-up 506 / Eyeshadow,
405-302 / Eyebrows 101 / Glue
eyelashes / Lipstick 501.

Schwein.
Latex Set Nr. 53 / Basis, Cake Make-up
001 - Water Make-up 506 /
Lidschatten, 405-302 / Brauen 101 /
Wimpern kleben / Lippenstift 501.

Gris
Latexset Nr 53 / Grundfärg, cake
make-up 001-Water make-up 506 /
Ögonskugga 405,302 / Ögonbryn 101 /
Ögonfransar 101 / Limma på
lösögonfransar / Läppstift, 501.

Tandlak.
Tanden drogen met tissue / Tandlak aanbrengen, nicotine / Laten drogen / Tandlak zwart aanbrengen (geeft effect van afgebrokkelde tanden) / Tandlak is ook in wit, goud en rood leverbaar. Niet op kunsttanden gebruiken! Kleurstof kan in kunsttand trekken.

Tooth enamel.
Dry teeth with a tissue / Apply tooth enamel, nicotine / Allow to dry / Apply tooth enamel black (gives impresssion of crumbled teeth) / Tooth enamel is supplied in white, gold and red as well. Do not use on artificial teeth - may stain !

Zahnlack.
Zähne trocknen mit Kleenex / Zahnlack auftragen, Nikotin / Trocknen lassen / Schwarzen Zahnlack auftragen (macht den Eindruck von abgebrochenen Zähnen) / Zahnlack gibt es auch in weiß, gold und rot. Nicht auf künstlichen Zähnen anwenden - Zahnlack könnte künstliche Zähne verfärben !

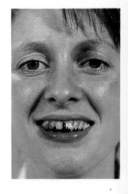

Tandlack
Torka av tänderna med en servett / Lägg på tandlack, nikotin / Låt det torka / Lägg på svart tandlack (ger ett intryck av skeva tänder). Tandlack finns också i vitt, guld och rött. Använd inte lack på konstgjorda tänder, det kan ge fläckar.

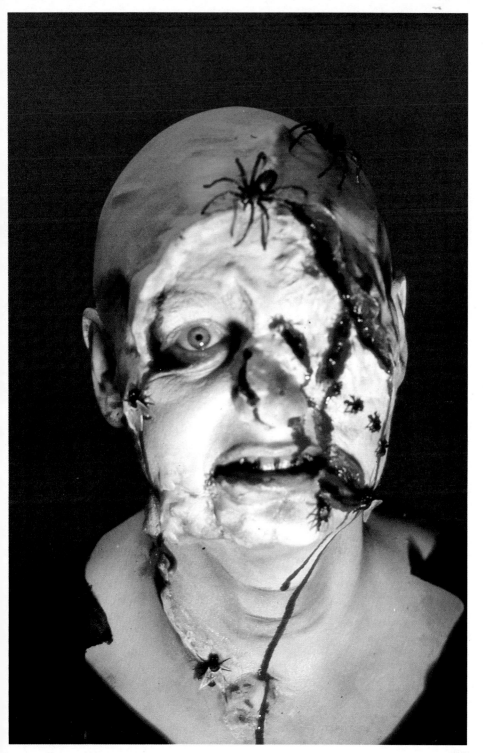

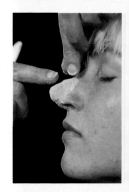

# GRIMAS

Soft Putty.
Wolcrêpe fijnknippen (lichte kleur) /
Mastix-extra / Wolcrêpe op mastix-extra
/ Soft putty met spatel uitnemen, even
kneden / In laagjes opbouwen / Glad
strijken met afschmink 'of cleansing
cream / Deppend struktuur aanbrengen,
make-up sponsje.

Soft Putty.
Cut crêpe wool finely (light colour) /
Spirit gum-extra / Crêpe wool on spirit
gum-extra / Take out soft putty with
spatula, knead shortly / Apply in layers
/ Smooth with make-up remover or
cleansing cream / Apply texture dabbing,
make-up sponge.

Soft Putty.
Wollkrepp sehr klein schneiden (helle
Farbe) / Mastix-Extra / Wollkrepp auf
Mastix-Extra / Soft Putty mit Spatel
entnehmen, kurz kneten / In Lagen
auftragen / Mit Make-up Remover oder
Cleansing cream weichmachen /
Hautstruktur mit Make-up Schwamm
anbringen.

Soft Putty, näskitt
Klipp en ljus ullcrepe fint / Mastix-extra /
Ullcrepe på mastix-extra / Tag näskitt
med en spatel, älta den lite / Lägg på i
lager / Gnid ut den med make-up remover
eller cleansing cream / Dutta struktur
med make-up svamp.

Neus voorkleuren, rouge 540 / Crème make-up / Afpoederen.
Verwijderen : neus afhalen / Mastix-extra remover / Cleansing cream.

Colour nose, rouge 540 / Crème make-up / Powder.
To remove : take off the nose / Spirit gum-extra remover / Cleansing cream.

Nase schminken, Rouge 540 / Creme Make-up / Puder.
Entfernen : Nase abnehmen / Mastix-Extra Remover / Cleansing Cream.

Färga näsan, rouge 540 / Creme make-up / Puder / Tag av näsan / Mastix-extra remover / Cleansing cream.

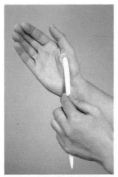
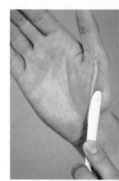

Derma wax.
Uitnemen / Op muis van hand verwrijven,
ronde kant derma wax spatel (derma
wax blijft zacht).
Kan nu op iedere plek aangebracht
worden, b.v. de wang / Altijd vanaf de
muis van de hand werken / Glad strijken
/ Deppen, transparantpoeder (verandert
kleur derma wax niet), make-up sponsje
/ Spatel vet maken, cleansing cream /
Snijden / Wond kleuren, filmbloed.
Verwijderen : eerst spatel, dan cleansing
cream.

Derma Wax.
Take out / Handle on the ball of the
thumb, round part of derma wax spatula
(derma wax stays soft).
Can be applied to any desired part, for
instance the cheek / Always apply from
the ball of the thumb / Smooth / Dab,
transparent powder (doesn't change
colour of derma wax), make-up sponge /
Grease spatula, cleansing cream / Cut /
Colour wound, filmblood.
To remove : first spatula, then cleansing
cream.

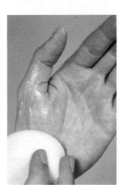

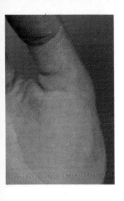

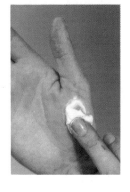

Derma Wax.
Entnehmen / Auf den Daumenballen weich machen mit rundem Teil des Dermawaxspatels (Dermawax bleibt weich).
Kann auf jedem gewünschten Teil aufgetragen werden, z. B. auf den Wangen / Immer vom Daumenballen auftragen / Weichmachen / Transparentpuder aufklopfen (verändert nicht die Farbe von Dermawax), Make-up Schwamm / Spatel fetten, Cleansing cream / Schneiden / Wunde färben, Filmblut.
Entfernen : erst mit Spatel, dann Cleansing Cream.

Dermavax
Spatla ur / Älta med den runda sidan av dermavaxspateln vaxet mot insidan av handen (vaxet håller sig mjukt). Kan sättas överallt t ex på kinden / Gnid ut / Pudra transparent puder som inte ändrar färg på dermavaxet, make-up svamp / Fetta in spateln med cleansing cream / Skär / Färga in såret, filmblod. Avlägsna först med spateln, sedan cleansing cream.

187

Wratten.
Verbandgaas op het oog / Derma wax,
kunstoog / Basis crème make-up /
Beschaduwen, belichten /
Transparantpoeder / Wenkbrauwen,
wolcrêpe.

Warts.
Gauze bandage on the eye / Derma wax,
artificial eye / Base, crème make-up /
Shading, highlighting / Transparent
powder / Eyebrows, crêpe wool.

Warzen.
Verbandmull auf Auge / Dermawax,
künstliches Auge / Basis, Creme
Make-up / Schattieren, aufhellen /
Tranparentpuder / Brauen, Wollkrepp.

Vårtor
Gasbinda över ögat / Dermavax,
konstgjort öga / Grundfärg, creme
make-up / Skugga och ljus /
Transparent puder / Ögonbryn,
ullcrepe.

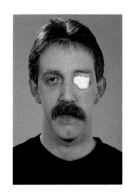
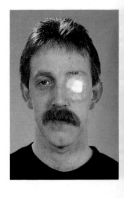
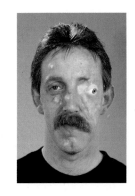
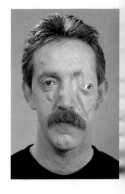
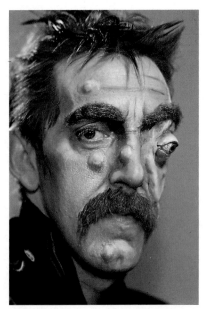
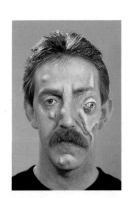

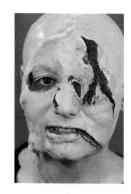

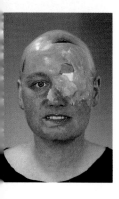

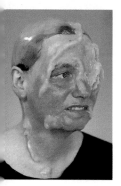

Zombie.
Kale kop / Oog model beschermen met
verbandgaas / Derma wax / Basis, 1521 /
Beschaduwen, belichten / Afpoederen /
Inkleuren / Filmbloed aanbrengen.

Zombie.
Bald cap / Protect model's eye with
gauze bandage / Derma wax / Base, 1521
/ Shading, highlighting / Powder / Colour
/ Apply filmblood.

Zombie.
Glatze / Das Auge des Modells mit
Verbandmull schützen / Dermawax /
Basis, 1521 / Schattieren, aufhellen /
Puder / Einfärben / Filmblut anbringen.

Zombie
Flintskallehätta / Skydda ögat med
gasbinda / Dermavax / Grundfärg
1521 / Skugga och ljus / Puder /
Färger / Filmblod.

Bloedcapsules.
Bloedcapsule kort van te voren in de
mond nemen, capsule doorbijten.
Citroensmaak bevordert
speekselvorming.

Blood capsules.
Take blood capsule into the mouth
shortly before use, bite through capsule.
Lemon flavour stimulates formation of
saliva.

Blutkapseln.
Blutkapsel in Mund nehmen kurz vor
Gebrauch, Kapsel durchbeißen.
Zitronengeschmack stimuliert die
Speichelbildung.

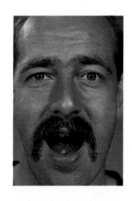

Blodkapslar
Stoppa blodkapseln i munnen strax innan
den skall användas. Bit hål i kapseln.
Citronsmak stimulerar tillflödet av saliv.

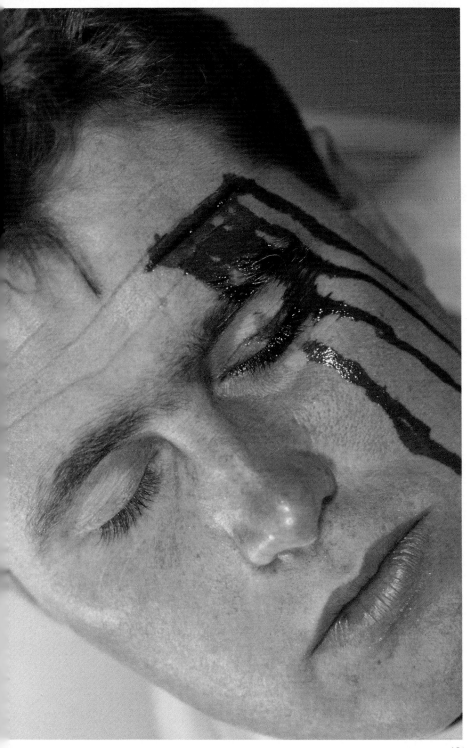

Wond voorhoofd.
Derma wax, spatel of nagel / Kneden,
rolletje vormen / Op voorhoofd, in lijn
met rimpel / Vingers vettig maken,
cleansing cream / Vormen.

Wound forehead.
Derma wax, spatula or nail / Model a roll
/ Onto forehead, parallel to wrinkle /
Grease fingers, cleansing cream / Model.

Wunde Stirn.
Dermwax, Spatel oder Nagel / Eine Rolle
formen / Auf die Stirn, parallel zu Falten
/ Finger einfetten, Cleansing cream /
Modellieren.

Sår i pannan
Dermavax med spatel eller nagel / Forma
en rulle / Sätt i pannan, parallellt med
rynkorna / Cleansing cream på fingrarna
/ Forma.

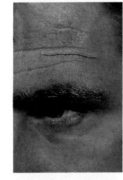

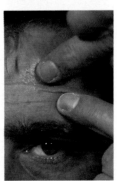

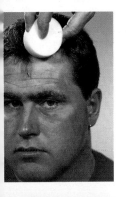

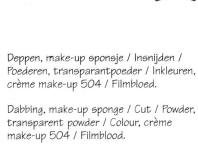

Deppen, make-up sponsje / Insnijden / Poederen, transparantpoeder / Inkleuren, crème make-up 504 / Filmbloed.

Dabbing, make-up sponge / Cut / Powder, transparent powder / Colour, crème make-up 504 / Filmblood.

Einklopfen, Make-up Schwamm / Schneiden / Pudern, Transparentpuder / Schminken, Creme Make-up 504 / Filmblut.

Dutta med make-up svamp / Skär / Transparent puder / Färga med creme make-up 504 / Filmblod.

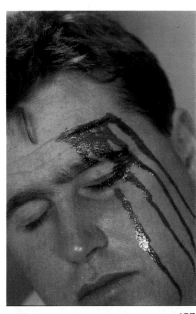

Winkelhaak.
Bolletje derma wax op de wang / Vormen,
cleansing cream op de vingers /
Deppend afwerken met make-up sponsje
/ Afpoederen, transparantpoeder
(verandert de kleur van de derma wax
niet) / Nadeppen met make-up sponsje.

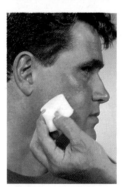

Right-angled tear.
Small ball of derma wax / Modelling,
cleansing cream on fingers / Dab with
make-up sponge / Powder, transparent
powder (doesn't change colour of derma
wax) / Pat with make-up sponge.

Winkelhakenwunde.
Eine kleine Kugel Dermawax /
Modellieren, Cleansing Cream auf Finger
/ Mit Make-up Schwamm eintupfen /
Transparentpuder (verändert die Farbe
von dermawax nicht) / Einklopfen mit
Make-up Schwamm.

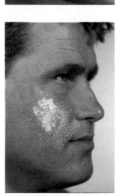

Rätvinklat sår
Liten klump dermavax / Forma med
cleansing cream på fingrarna / Dutta
med make-up svamp / Transparent
puder, make-up svamp.

194

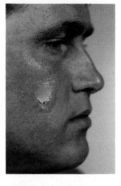

Spatel glad maken, cleansing cream / Winkelhaak in derma wax / Inkleuren, crème make-up 101-501-504 / Filmbloed.

Grease spatula, cleansing cream / Tear in derma wax / Colour, crème make-up 101-501-504 / Filmblood.

Spatel mit Cleansing Cream fetten / Dermawax einreißen / Färben, Creme Make-up 101-501-504 / Filmblut.

Smörj spateln med cleansing cream / Riv i dermavaxet / Färga med creme make-up 101,501,504 / Filmblod.

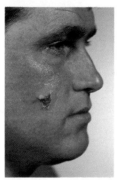

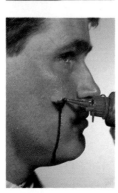

Blauw oog.
Crème make-up 304 in ooghoek en onder het oog / Onder wenkbrauw 201 / Licht inkleuren met donkerrood 504.

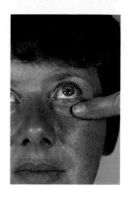

Black eye.
Crème make-up 304 in corner of the eye and underneath the eye / Underneath eyebrow 201 / Colour lightly with dark-red 504.

Blaues Auge.
Creme Make-up 304 in Augenwinkel und unter das Auge / Unter die Augenbraue 201 / Leicht färben mit dunkelrot 504.

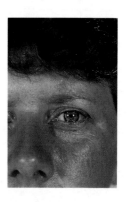

Blått öga
Creme make-up 304 i ögonvrån och under ögat / Under ögonbrynet, 201 / Färga svagt med mörkröd, 504.

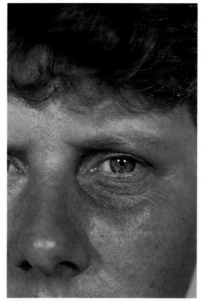

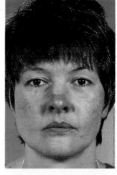

Gebroken neus.
Neusbrug verdikken, derma wax / Scheef
maken / Inkleuren, zie blauw oog /
Poederen / Insnijden / Wond kleuren,
101-504 / Filmbloed.

Broken nose.
Thicken top of the nose, derma wax /
Make crooked / Colour, see black eye /
Powder / Cut / Colour wound, 101-504 /
Filmblood.

Gebrochene Nase.
Nasenspitze verdicken, Dermawax /
Schief machen / Färben, siehe blaues
Auge / Puder / Schneiden / Wunde
färben, 101-504 / Filmblut.

Lägg dermavax på näsan / Vrid / Färg,
se "blått öga" / Puder / Skär / Färga
såret, 101, 504 / Filmblod.

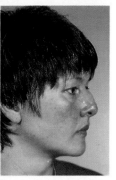

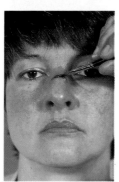

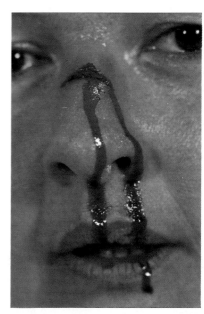

197

Shock.
Cake make-up 1521 / Onder de ogen,
neus-lippenplooi beschaduwen, 103 /
Druppels glycerine op bovenlip en
voorhoofd.

Shock.
Cake make-up 1521 / Shade under the
eyes, fold between nose and lips, 103 /
Drops of glycerine on upper lip and
forehead.

Schock.
Cake Make-up 1521 / Augenschatten
und Nasolabialfalte schattieren, 103 /
Tropfen Glycerin auf Oberlippe und stirn.

Chock
Cake make-up 1521 / Skugga under
ögonen och veck mellan näsa och läppar,
103 / Droppar av glycerin på överläpp
och panna.

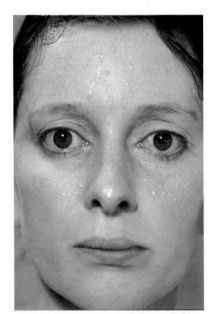

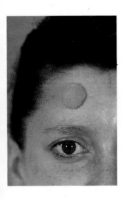

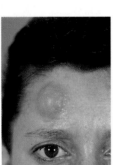

Bult.
Bol derma wax / Vormen / Deppen,
make-up sponsje. Niet poederen /
Randen kleuren.

Bump.
Ball of derma wax / Model / Dab,
make-up sponge. Do not powder / Colour
edges.

Beule.
Kugel Dermawax / Formen / Eintupfen,
Make-up Schwamm. Nicht pudern /
Ränder schminken.

Bula
Kula av dermavax / Forma / Dutta med
make-up svamp. Inget puder / Måla
kanterna.

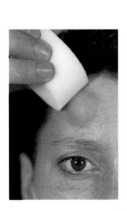

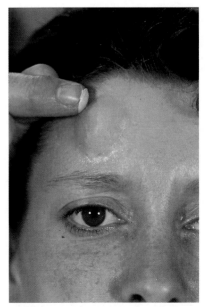

# GRIMAS

Handwond.
Derma wax op knokkels / Deppen /
Openwerken / Inkleuren / Filmbloed.

Wound on the hand.
Derma wax on knuckles / Dab / Cut open
/ Colour / Filmblood.

Wunde auf der Hand.
Dermawax auf die Knöchel / Einklopfen /
Aufschneiden / Färben / Filmblut.

Sår på händerna
Dermavax på knogarna / Dutta / Skär
upp / Färg / Filmblod.

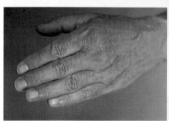

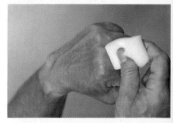

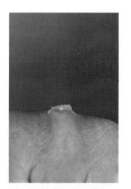

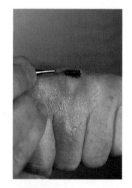

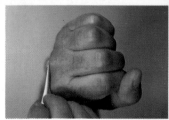

Snee in vinger.
Derma wax / Deppen, niet afpoederen /
Insnijden / Inkleuren / Filmbloed.

Cut finger.
Derma wax / Dab, do not powder / Cut /
Colour / Filmblood.

Schnitt im Finger.
Dermawax / Eintupfen, nicht pudern /
Einschneiden / Färben / Filmblut.

Skuret finger
Dermavax / Dutta, inget puder / Skär /
Färg / Filmblod.

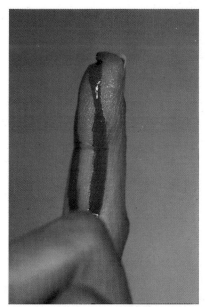

Gescheurde nagel.
Derma wax dik op nagel aanbrengen /
Deppen / Aan rand lossnijden / Inkleuren
101-504 / Filmbloed.

Torn nail.
Apply derma wax thickly to nail / Dab /
Cut loose at the rim / Colour 101-504 /
Filmblood.

Abgerissener Nagel.
Dermawax dick auf den Nagel auftragen
/ Einklopfen / Rand einschneiden /
Schminken 101-504 / Filmblut.

Sönderriven nagel
Tjockt lager dermavax på nageln / Dutta
/ Skär loss vid nagelroten / Färg, 101,
504 / Filmblod.

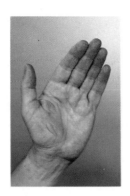

Splinter.
Derma wax / Deppen / Gebroken lucifer
induwen. Evt. eerst kleuren / Filmbloed.

Splinter.
Derma wax / Dab / Put in broken match.
If desired colour first / Filmblood.

Splitter.
Dermawax / Einklopfen / Abgebrochenes
Streichholz reinstecken. Falls erwünscht
dieses erst färben / Filmblut.

Flis
Dermavax / Dutta / Sätt i en bruten
tändsticka. Kan färgas först / Filmblod.

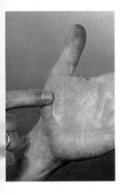

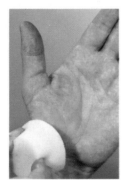

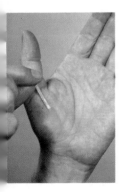

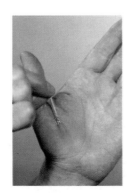

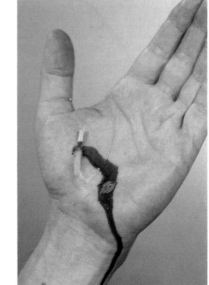

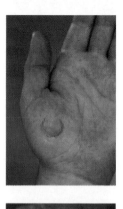

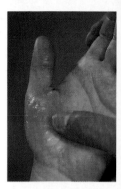

# GRIMAS

Glasscherf.
Bol derma wax / Deppen / Stukje
plexiglas indrukken / Ingedrukte vorm
kleuren / Plexiglas vastdrukken /
Filmbloed.

Fragment of glass.
Ball derma wax / Dab / Press fragment
of plexiglass into the wax / Colour
marked shape / Fix plexiglass /
Filmblood.

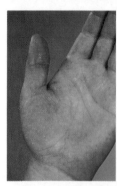

Glasscherbe.
Kugel Dermawax / Einklopfen /
Plexiglasscherbe ins Wax drücken / Die
markierte Form schminken / Plexiglas
fixieren / Filmblut.

Glasflis
Kula av dermavax / Dutta / Pressa
bitar av plexiglas i vaxet / Färga hålet /
Sätt i plexiglaset igen / Filmblod.

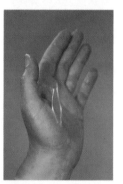

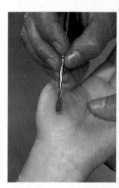

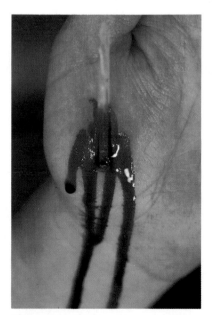

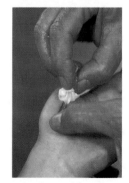

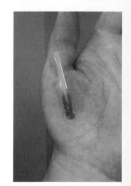

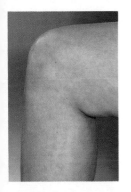
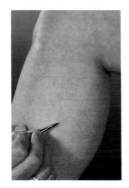

Spatader.
Aders tekenen, mix 304-406 / Rolletjes
derma wax op aders / Deppen / Gaatje
maken / Kleuren 101-504 / Filmbloed /
Panty over wond.

Varicose veins.
Draw veins, mix 304-406 / Rolls of
derma wax on veins / Dab / Make a hole
/ Colour 101-504 / Filmblood /
Panty-hose over wound.

Krampfader.
Venen zeichnen, Mischung 304-406 /
Dermawax-Würste auf die Venen /
Einklopfen / Ein Loch machen / Farbe
101-504 / Filmblut / Strumpfhose über
Wunde.

Åderbrock
Rita blodådror. Blanda 304, 406 /
Tunna rullar av dermavax på blodådrorna
/ Dutta / Gör ett hål / Färg 101, 504 /
Filmblod / Nylonstrumpa över såret.

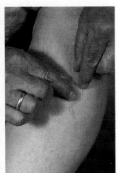

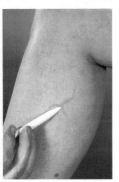
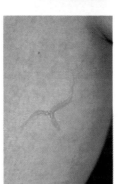

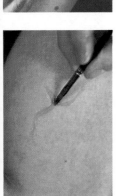
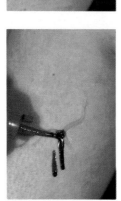

# GRIMAS

Brandwond.
Pleister knippen / Opplakken / Inkleuren,
crème make-up 504 deppend met
make-up sponsje / Pleister verwijderen.

Burn.
Cut sticking plaster / Stick / Colour,
crème make-up 504, dabbing with
make-up sponge / Remove plaster.

Verbrennung.
Pflaster zerschneiden / Aufkleben /
Färben, Creme Make-up 504, einklopfen
mit Make-up Schwamm / Pflaster
entfernen.

Brännskada
Klipp häftplåster / Sätt på det / Färga,
creme make-up 504, dutta med make-up
svamp / Avlägsna plåstret.

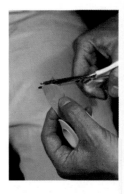

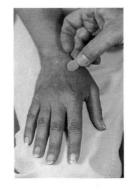

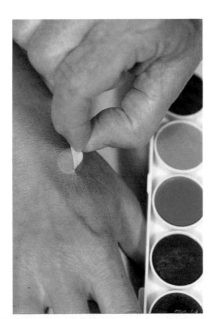

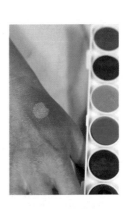

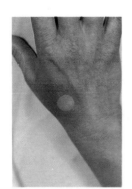

Gel toevoegen / Op niet ingekleurde plek in model brengen / Wondspray / Transparantpoeder.

Add gel / Model on uncoloured part / Wound spray / Transparent powder.

Gel zufügen / Auf ungefärbtem Teil formen / Pflasterspray / Transparentpuder.

Lägg på gelé / Forma på osminkat område / Flytande plåster / Transparent puder.

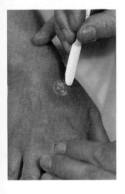

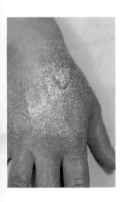

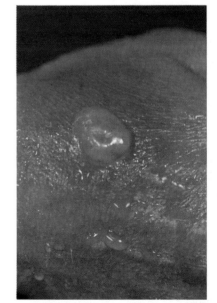

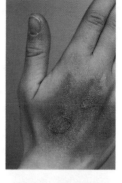

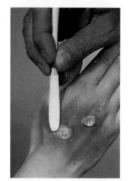

Pleisters, crème make-up 504 / Pleister verwijderen / Gel / Op rode plek deppend latex, make-up sponsje / Enkele laag tissue / Latex op tissue deppen / Randen losscheuren.

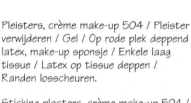

Sticking plasters, crème make-up 504 / Remove plaster / Gel / Dab latex onto red spot, make-up sponge / Single ply of tissue / Dab latex onto tissue / Tear the edges loose.

Pflaster, Creme Make-up 504 / Entfernen / Gel / Tupf Latex auf den roten Fleck mit Make-up Schwamm / Einzelne Lage Papiertuch / Latex auf das Tissue auftupfen / Die Ränder losreißen.

Häftplåster / Creme make-up 504 / Avlägsna plåstret / Gelé / Dutta latex på rött område, make-up svamp / Tunt lager servett / Dutta latex på servetten / Riv loss kanterna

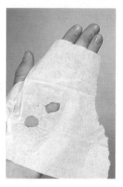

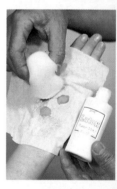

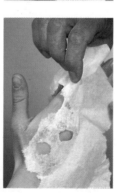

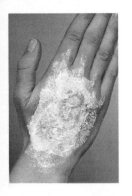
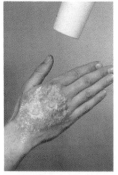

Drogen / Kleuren, 504. Bij het aanbrengen over een groter oppervlak ontstaat een geleidelijke overgang van de verbranding / Deppend 101 / Latex met spatel openwerken / Inkleuren, 101-504.

Dry / Colour, 504.When applied to a larger area a gradual development of the burn will be obtained / Dabbing 101 / Cut latex with spatula / Colour, 101-504.

Trocknen / Farbe 504. Wird Sie auf einen größeren Bereich aufgetragen, täuscht das eine graduelle Abstufung der Verbrennung vor / 101 Einklopfen / Latex mit Spatel einschneiden / Färben, 101-504.

Torka, färga med 504. När den appliceras på en större yta, får man en gradvis övergång på förbrännelsen / Dutta med 101 / Skär latexkanten med spateln / Färga med 101, 504.

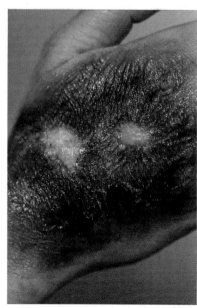

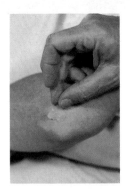

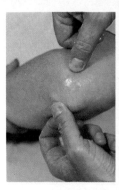

**Schaafwond.**
Derma wax aanbrengen / Stoppelsponsje
met crème make-up 505 door de was
trekken / Kleuren 101-504 / In diepste
punten 505 / As, gruis enz. toevoegen.

**Graze.**
Apply derma wax / Pull stubble sponge
with crème make-up 505 through the
wax / Colour 101-504 / In deepest
places 505 / Add ashes, grit etc.

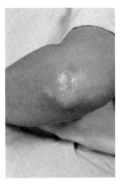

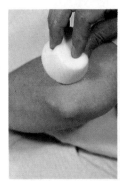

**Schürfwunde.**
Dermawax auftragen / Stoppelschwamm
mit Creme Make-up 505 durch das
Wachs ziehen / Farbe 101-504 / Auf
tiefste Stellen 505 / Asche, Schotter
usw. zufügen.

**Skrubbsår**
Lägg på dermavax / Tryck
skäggbottensvamp med creme make-up
505 genom vaxet / Färga med 101, 504
/ På djupa ställen 505 / Strö på aska,
grus etc.

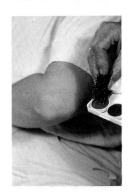

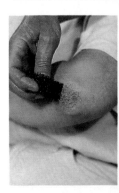

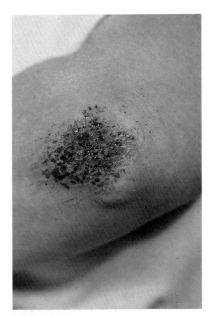

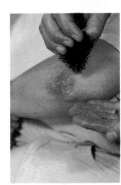

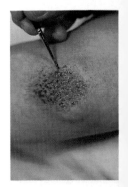

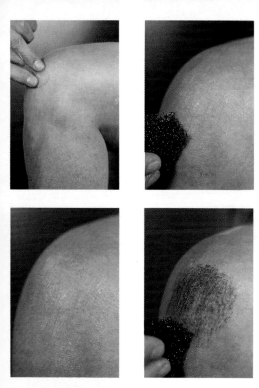

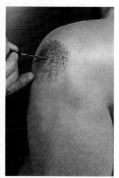

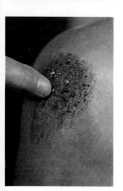

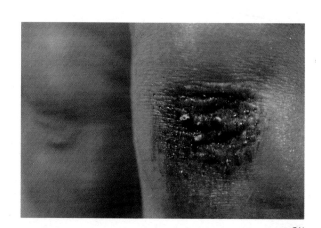

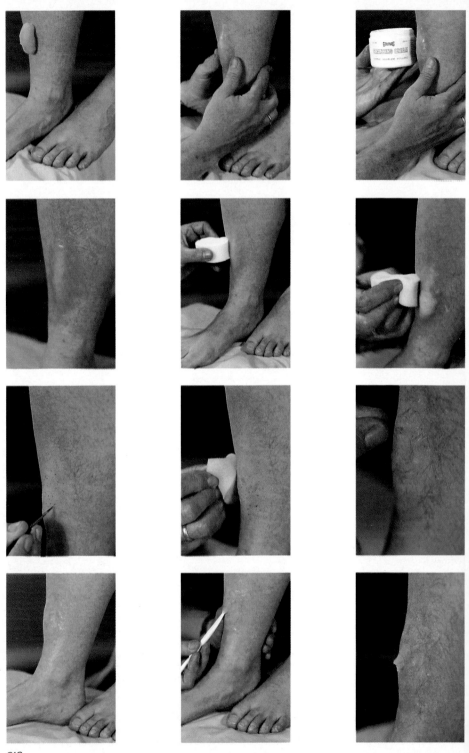

Gecompliceerde beenbreuk.
Stukje bot in Derma wax drukken /
Kleuren 504-101-304-201, ook rondom
de wond / Filmbloed.

Compound bone fracture.
Press fragment of bone into derma wax
/ Colour 504-101-304-201. Also around
the wound / Filmblood.

Offener Knochenbruch.
Ein Knochenstück im Dermawax drücken
/ Färben mit 504-101-304-201. Auch
um die Wunde herum / Filmblut.

Öppet benbrott
Pressa in benflisor i dermavaxet / Färga
med 504, 101, 304, 201. Även runt såret
/ Filmblod.

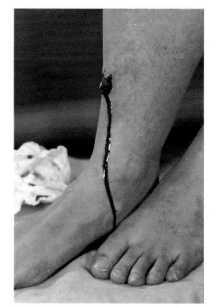

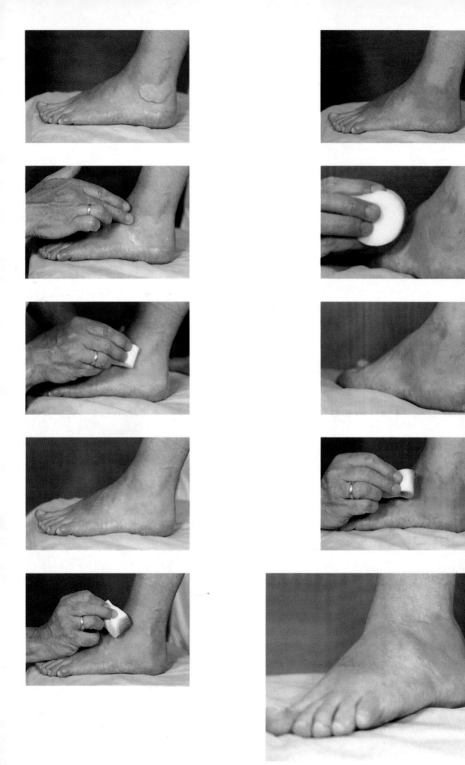

**Wolcrêpe.**
Trek wolcrêpe uit streng / Knip touwtjes door / Recht afgeknipte streng pluizig maken /
Ontkrullen, krultang of strijkbout / Geheel ontkruld voor snor, half voor baard.

**Crêpe wool.**
Pull crêpe wool out from braid / Cut the strings / Fluff out cut end of braid / Straightening, curler or hot iron / Completely straightened for a moustache, partly for a beard.

**Wollkrepp.**
Wollkrepp aus dem Zopf ziehen / Die Fäden abschneiden / Löse das gerade geschnittene Ende des Zopfes / Glätten, Lockenstab oder Bügeleisen / Volkommen geglättet für Schnurrbart, teilweise für Bart.

**Ullcrepe**
Dra ullcrepen ut ur flätningen / Klipp av snörena / Genom att dra lätt går flätningen upp. Kan användas till ögonbryn / Släta ut med locktång eller strykjärn / Helt utslätat till mustasch, delvis till skägg.

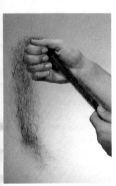

Lostrekken van de streng / Afstand tussen handen ca. 30 cm. / Luchtig vasthouden. Stukje uittrekken met bovenste hand, doorvoeren en herhalen In het midden lostrekken / Bij elkaar voegen. Evt. met andere kleur mengen.

Pull out from braid / Distance between the hands appr. 30 cm. / Hold loosely. Pull out a little with upper hand, lead through and repeat / Pull apart in the middle / Put together again. If desired mix with other colour.

Aus dem Zopf ziehen / Abstand zwischen Händen ca. 30 cm. / Lose halten. Ein wenig mit der oberen Hand ziehen, fortfahren und wiederholen / In der Mitte durchreißen / Wieder zusammenlegen. Evtl. mit anderen Farben mischen.

Dra ut ur flätan / Avstånd mellan händerna ca 30 cm / Håll löst. Dra ut lite med den översta handen. Upprepa ett flertal gånger / Delas i mitten / Lägg ihop igen. Kan blandas med andra färger.

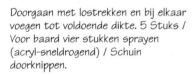

Doorgaan met lostrekken en bij elkaar voegen tot voldoende dikte. 5 Stuks / Voor baard vier stukken sprayen (acryl-sneldrogend) / Schuin doorknippen.

Continue pulling apart and putting together again until thickness is just right. 5 Pieces / For beard spray 4 pieces (acryl-fast drying) / Cut at an angle.

Solange auseinanderziehen und wieder zusammenlegen bis die Dichte genau richtig ist. 5 Stück / Für einen Bart, 4 Stücke sprayen (Acrylschnelltrockner) / Diagonal schneiden.

Forsätt att dra isär och lägg ihop igen till rätt tjocklek uppnås. 5 delar / Till skägget sprayas 4 delar (plastspray) / Klipp snett.

Snor.
Snor : Vijfde stuk nogmaals ontkrullen /
In het midden stevig vasthouden en
uitkammen / Nu sprayen / Schuin
knippen. Schaar óók schuin t.o.v.
wolcrêpe.

Moustache.
Moustache : Straighten fifth piece one
more time / Hold tightly in the middle
and comb / Spray / Cut at an angle and
also aslant.

Schnurrbart.
Schnurrbart : Das 5. Stück einmal mehr
glätten / Vorsichtig in der Mitte halten
und kämmen / Spray / Diagonal
schneiden. Schere auch diagonal halten.

Mustasch
Släta ut 5 delar en gång till / Håll fast i
mitten och kamma försiktigt / Spraya /
Klipp snett. Håll saxen snett i förhållande
till ullcrepen.

219

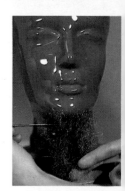
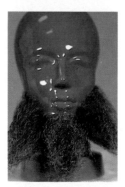

Mastix-extra onder de kin / Geknipte kant baardstuk naar voren lijmen / Kaaklijn volgen / Lichte wolcrêpe onder mondhoeken / In elkaar werken / Knippen / Sprayen (acryl-sneldrogend). Baard voorzichtig losweken met aceton (verdampt sneller) of Mastix-extra remover.

Spirit gum-extra under the chin / Glue cut side of beard to the front / Follow line of jaw / Light crêpe wool under corners of the mouth / Mix the strands / Cut / Spray (acryl-fast drying). Carefully remove beard with aceton (evaporates faster) or spirit gum-extra remover.

Mastix-Extra unters Kinn / Die geschittene Bartseite vorne ankleben / Der Kieferlinie folgen / Hellen Wollkrepp unter die Mundwinkel / Die Strähnen mischen / Schneiden / Spray (Acryl-Schnelltrockner) / Bart vorsichtig entfernen mit Aceton (verdunstet schneller) oder Mastix-Extra Remover.

Mastix-extra under hakan / Limma den klippta sidan av skägget på hakan / Följ käklinjen / Ljusare ullcrepe under mungiporna / Mixa ihop delarna / Klipp / Spraya (plastspray) / Avlägsna skägget försiktigt med aceton (dunstar fort) eller mastix-extra remover.

Schuin afgeknipte kant lijmen (blz. 219) / In model knippen, evt. haarlak gebruiken.

Glue angled cut side (p. 219) / Trim, spray with hair spray if necessary.

Klebe die diagonal geschnittene Seite (Seite 219) / In Form schneiden, wenn nötig Haarspray verwenden.

Limma på den snedklippta sidan (sid 219) / Rätta till, spraya med hårspray vid behov.

**Wenkbrauwen.**
Streng splitsen / Lostrekken ca. 10 cm.
/ Wolcrêpe trekken, zie blz. 216 / Haarlak
/ Nog vochtige wolcrêpe in één richting
rollen.

**Eyebrows.**
Split the braid / Pull out appr. 10 cm. /
To pull crêpe wool, see p. 216 / Hairspray
/ Roll still damp crêpe wool in one
direction.

**Augenbrauen.**
Den Zopf teilen / Ca. 10 cm. rausziehen /
Wollkrepp ziehen, siehe Seite 216 /
Spray / Den noch feuchten Wollkrepp in
eine Richtung rollen.

**Ögonbryn**
Dela flätan / Dra ut ca 10 cm /
Bearbetning av ullcrepe se sid 216 /
Spraya / Den ännu fuktiga ullcrepen
rullas i en riktning.

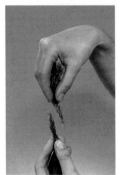

Schuin doormidden knippen / Van binnen naar buiten lijmen / Knippen.

Cut in two at an angle / Glue from the inside outwards / Cut.

Diagonal in zwei Stücke schneiden / Von innen nach außen kleben / Schneiden.

Klipp två delar (snett) / Limma underifrån och utmed / Klipp.

Om de juiste kleur te krijgen kan
wolcrêpe worden gemengd of, net als
haar, ingekleurd met water make-up.

To obtain the desired, colour crêpe wool
can be mixed or, like hair, be coloured
with water make-up.

Um die gewünschte Farbe zu erhalten,
kann Wollkrepp gemischt werden, oder
wie Haar mit Water Make-up gefärbt
werden.

För att uppnå önskad färg kan ullcrepen
blandas eller färgas som hår med water
make-up.

Lange baard.
Om een lange baard te maken stukken van ca.. 20 cm. gebruiken. De schuine wenkbrauwen bepalen hier sterk het karakter.

Long beard.
To make a long beard use pieces of appr. 20 cm. The sloping  eyebrows strongly make the character.

Langer Bart.
Für einen langen Bart Stücke von ca. 20 cm. verwenden. Die schrägen Augenbrauen verstärken den Charakter.

Långt skägg
För att göra ett långt skägg skall bitar på ca 20 cm användas. De sneda ögonbrynen ger en stark karaktär.

225

Stoppelbaard.
Kaaklijn beschaduwen, rouge 565 /
Stoppelpasta / Dun naar zijkant
uitwerken / Fijn geknipte wolcrêpe met
sponsje of poederborstel in richting
haargroei / Details met penseel.
Verwijderen : cleansing cream / Scheren
met spatel.

Stubble beard.
Shading the jawline, rouge 565 /
Stubble paste / Spread thinly sideways
/ Apply finely cut crêpe wool, with
sponge or powder brush, in the direction
in which the hair grows / Details with
brush.
To remove : cleansing cream / Shave
with spatula.

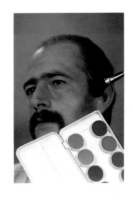

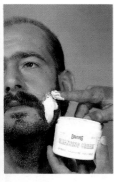

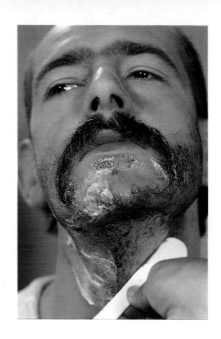

Stoppelbart.
Kinnlinie schattieren, Rouge 565 /
Stoppelpaste / Dünn zur Seite hin
verteilen / Fein geschnittenen Wollkrepp
mit Schwamm oder Puderpinsel in
Haarwuchsrichtung verteilen / Feinheiten
mit Pinsel.
Entfernen, Cleansing cream / Mit Spatel
rasieren.

Skäggstubb
Skugga käklinjen, rouge 565  /
Skäggstubbslim (stoppelpaste) fördelas
tunt utmed sidorna /  Till sist klipps
ullcrepen, påföres med svamp eller
puderpensel i den riktning som skägget
växer. Detaljer med pensel.
Avlägsnas med cleansing cream  /
"Rakas" med spatel.

227

Vrouw-Man.
Cake make-up W5 / Wenkbrauwen,
beschaduwing en baardschaduw, rouge
565 / Lichte stoppelbaard met wolcrêpe
en stoppelpasta.

Woman-Man.
Cake make-up W5 / Eyebrows, shading,
beardshadow, rouge 565 / Light stubble
beard with crêpe wool and stubble
paste.

Frau-Mann.
Cake Make-up W5 / Augenbrauen,
Schattierungen und Bartschatten,
Rouge 565 / Leichter Stoppelbart mit
Wollkrepp und Stoppelpaste.

Kvinna-Man
Cake make-up W5 / Ögonbryn, skuggor
och skuggning av skägg, rouge 565 /
Lite skäggstubb med ullcrepe och
skäggstubbslim.

Kale koppen plastic.
Buiten werken of goed ventileren / In metalen bakje / Randen aftekenen / Snel strijken, platte verfkwast / ca. 10 min. drogen / Herhalen tot 4 à 5 x / Goed poederen, transparantpoeder. Kale koppen zijn ook kant en klaar te koop.

Bald cap plastic.
Use outside or in well ventilated room / In tin cup / Outline the edges / Work quickly, flat brush / Drying appr. 10 min. / Repeat upto 4 or 5 times / Powder thoroughly, transparent powder. Ready made bald caps are for sale as well.

230

Glatzen Plastic.
Draußen oder in gut gelüftetem Raum verwenden / In Blechdose / Ränder umrahmen / Schnell arbeiten, flacher Pinsel / Ca. 10 Min. trocknen / Bis zu 4 oder 5 Mal wiederholen / Gründlich pudern, Transparentpuder. Fertige Glatzen gibt es auch zu kaufen.

Bald cap plastic
Arbeta utomhus eller i ett välventilerat rum / I plåtburk / Markera kanterna / Arbeta fort, flat pensel / Torkar på ca 10 minuter / Upprepa 4-5 gånger / Pudras grundligt, transparent puder / Färdiga flintskallehättor kan köpas.

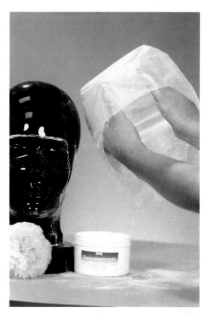

Nek uitscheren / Haar fixeren met
haarlak / Gezicht reinigen, cleansing
lotion / Kale kop uitrekken en opzetten.

Shave neck / Fix hair with hair spray /
Cleanse face, cleansing lotion / Stretch
bald cap and apply to the head.

Nacken rasieren / Haar mit Haarspray
fixieren / Gesicht reinigen, Cleansing
Lotion / Glatze dehnen und auf den
Kopf setzen.

Raka nacken / Fixera håret med
hårspray / Rengör ansiktet, cleansing
lotion / Sträck hättan och dra den
över huvudet.

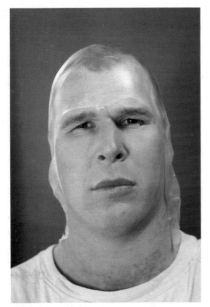

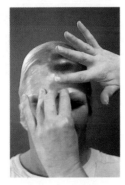

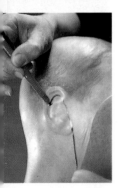

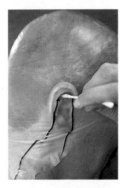

Rand terugklappen / Mastix-extra op voorhoofd, tussen bovenste rimpel en haargrens. Lijmrand 2 cm. breed / Rand in lijm drukken en terugklappen / Drogen en aandrukken / Oor aftekenen / Bovenkant doorsmelten, aceton / Knippen.

Draw back the edge / Spirit gum-extra on forehead, between top wrinkle and border of the hair. Glue 2 cm. wide / Press edge into the glue and draw back / Dry and press / Outline ear / Melt through top, aceton / Cut.

Den Rand zurückziehen / Mastix-Extra auf Stirn, zwischen oberster Falte und Haaransatz. Kleber 2 cm. breit / Den Rand in den Kleber drücken und zurückziehen / Trocknen und andrücken / Das Ohr umrahmen / Die Spitze mit Aceton durchschmelzen / Schneiden.

Dra tillbaka kanterna / Mastix-extra på pannan, mellan de översta rynkorna och hårkanten. Limma 2 cm brett / Pressa kanterna i limmet och dra ut / Torka och pressa lätt / Markera öronen / Smält igenom topp-punkten med aceton / Klipp.

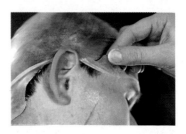

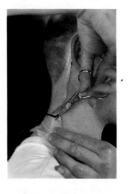

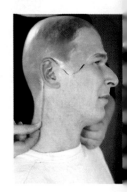

Zijkant aftekenen / Hoofd recht. Lijmen /
Nekstuk op maat knippen en lijmen.

Outline sides / Keep head straight. Glue
/ Cut neck part to size and glue.

Seite umrahmen / Kopf gerade halten /
Kleben / Nackenteil passend schneiden
und kleben.

Markera sidorna  /  Håll huvudet rakt.
Limma  /  Klipp till. nacken och limma.

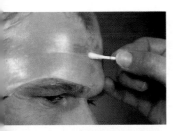

Doorsmelten op onderkant lijmrand /
Inknippen / Op rand wegsmelten /
Oneffenheden met aceton verwijderen.
Snel werken.

Melt through on lower edge of glue / Cut
/ Melt away on the edge / Dissolve
uneven spots with aceton. Work quickly.

Unteren Teil des Klebers wegschmelzen /
Schneiden / Den Rand wegschmelzen /
Unebene Stellen mit Aceton lösen.
Schnell arbeiten.

Smält igenom den nedersta limmade
delen / Klipp / Smält bort kanterna /
Lös upp ojämna fläckar med aceton.
Arbeta fort.

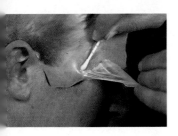

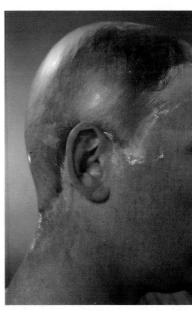

Bij lang haar stuk panty gebruiken.
Randen vastlijmen.
Kale kop verwijderen met wattenstaafje
en mastix-extra remover. Boven het oor
beginnen.

In case of long hair use a piece of
panty-hose. Glue the edges.
Remove bald cap with cotton wool bud
and spirit gum-extra remover. Start
above the ear.

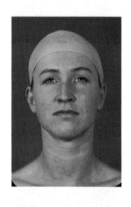
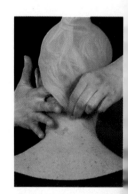

Für langes Haar ein Stück Strumpfhose
verwenden. Die Ränder kleben. Glatze
mit Wattestäbchen und Mastix-Extra
Remover entfernen. Über dem Ohr
anfangen.

Använd en bit nylonstrumpa om håret
är långt. Limma kanterna. Avlägsna
flintskallehättan med mastix-extra
remover på en tops. Starta över öronen.

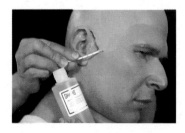

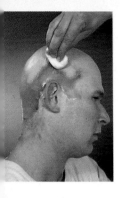

Monnik.
Camouflage make-up deppend
aanbrengen. Oók op gezicht / Goed
afpoederen met fixeerpoeder.

Monk.
Apply camouflage make-up, dabbing. On
the face as well / Powder well, fixing
powder.

Mönch.
Camouflage Make-up tupfend auftragen.
Auch auf dem Gesicht / Gut pudern,
Fixierpuder.

Munk
Applicera camouflage make-up, dutta.
Även i ansiktet / Fixerpuder.

237

Elisabeth.
De kop kan op verschillende manieren
worden afgewerkt, bijv. haarrand van
wolcrêpe of afgeknipt pruikje,
beschildering water make-up, enz.

Elizabeth.
The cap can be given the finishing touch
in various ways, for instance crêpe wool
hair or cut wig, colouring with water
make-up etc.

Elisabeth.
Der Glatze kann auf verschiedene Arten
der Finishing Touch gegeben werden, z. B.
mit Wollkrepp oder einer beschnittenen
Perücke, Farben mit Water Make-up usw.

Elisabeth
Flintskallehättan kan göras på många
olika sätt t ex med ullcrepe och tillklippt
peruk, färga med water make-up etc.

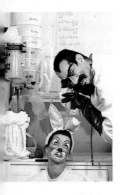

Dierproeven uitsluitend op streng
geselekteerde konijnen, die daarna zelf
onze produkten controleren op
- wettelijke voorschriften
- bacteriologische omstandigheden
- werkzaamheid op de huid

Animal experiments only on strictly
selected rabbits, who then themselves
check our products with regard to :
- legal regulations
- bacteriological circumstances
- effectiveness on the skin

Tierversuche nur auf streng
ausgewählten Kaninchen, die dann
selbst unsere Produkte austesten unter
Beachtung von :
- Gesetzlichen Vorschriften
- Bakteriologischen Umständen
- Hautverträglichkeit

Djurförsök endast på speciellt utvalda
kaniner som själva undersöker
produkterna med hänsyn tagna till:
- lagar
- bakteriologiska förhållanden
- användningsbarheten på hud

# WATER MAKE-UP

*Art.010*

Water make-up.
Werkt net als waterverf / Droogt en geeft nauwelijks af /
Kleuren zijn onderling mengbaar / Is gemakkelijk te
verwijderen.

Water make-up.
Works just like water paint / Dries and hardly rubs off /
Colours can be mixed / Can be removed easily.

Water Make-up.
Wird genau wie Wasserfarben verarbeitet / Trocknet und
reibt sich kaum ab / Farben können gemixt werden /
Läßt sich leicht entfernen.

Fard à l'eau.
Fonctionne comme de peinture à l'eau / Se sèche et à
peine déteint / On peut mélanger les couleurs / Facile à
enlever.

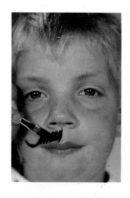
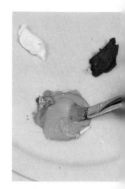

CONTENTS:
Talc Methylparaben Aluminium silicate
Propylparaben Polyethylene wax Polyester
2-Bromo-2 nitropropane-1,3-diol Isopropyl
myristate Titanium dioxide Water Iron oxides
PEG Cosmetic colours Glycerin Perfume
Peg-75-lanolin oil

| | | | |
|---|---|---|---|
| 001 | wit | white | weiß | blanc |
| 101 | zwart | black | schwarz | noir |
| 102 | lichtgrijs | light grey | hellgrau | gris clair |
| 103 | donkergrijs | dark grey | dunkelgrau | gris foncé |
| 201 | geel-oranje | yellow-orange | gelb | jaune-orange |
| 202 | okergeel/chinees | yellow ochre-chinese | ockergelb/chinese | ocre jaune/chinois |
| 203 | felgeel | bright yellow | grellgelb | jaune vif |
| 301 | donkerblauw | dark blue | dunkelblau | bleu foncé |
| 302 | lichtblauw | light blue | hellblau | bleu clair |
| 303 | blauw | blue | blau | bleu |
| 304 | korenblauw | blue azure | kornblumenblau | bleu barbeau |
| 401 | groen | green | grün | vert |
| 402 | zeegroen | sea green | seegrün | vert de mer |
| 403 | grasgroen | grass green | grasgrün | vert gazon |
| 404 | mosgroen | moss green | moosgrün | vert mousse |
| 405 | turquoise | turquoise | türkis | turquoise |
| 406 | pastelgroen | pastel green | pastellgrün | vert pastel |
| 407 | felgroen | bright green | grellgrün | vert vif |
| 501 | felrood | bright red | grellrot | pourpre |
| 502 | rose | pink | rosa | rose |
| 503 | oranje | orange | orange | orange |
| 504 | bordeaux | bordeaux | bordeaux | bordeaux |
| 505 | dieprood | dark red | tiefrot | rouge profond |
| 506 | felrose | bright pink | grellrosa | rose vif |
| 507 | oudrood | old red | altrosa | vieux rose |
| 601 | paars | purple | flieder | violet |
| 602 | lila | lilac | lila | lilas |
| 701 | zilver | silver | silber | argent |
| 702 | goud | gold | gold | or |
| | | | | |
| 1001 | neger (zwarte piet) | negro | neger (knecht ruprecht) | nègre |
| 1002 | lichte huidsteint voor vrouwen (elfje,prinsesje) | light complexion for women (elf,princess) | heller teint für damen (elfe,prinzessin) | couleur teint clair pour femmes (elfe,princesse) |
| 1004 | chinees | chinese | chinese | chinois |
| 1007 | kleur voor ouder maken (dracula) | colour for aging (dracula) | farbe zum älter-schminken (drakula) | couleur pour vieillir (dracula) |
| 1014 | zuid-europees, zeerover | south european, pirate | südeuropäer, seeräuber | européen méridional, pirate |
| 1015 | huidsteint voor mannen | complexion for men | teint für männer | couleur pour hommes |
| 1017 | zigeuner | gypsy | zigeuner | bohémien |
| 1027 | cowboy | cowboy | cowboy | cowboy |
| 1040 | arabier | arab | araber | arabe |
| 1075 | indiaan | indian | indianer | indien |

| | | | | |
|---|---|---|---|---|
| | *Fluoriserende kleuren* (lichten op bij blacklight) | *Fluorescent colours* (brighten up whe blacklight is used) | *Fluorisierende Farben* (leuchten unter "Blacklight" Einstrahlung) | *Les couleurs fluorescentes* pour lumière noire |
| 220 | geel | yellow | gelb | jaune |
| 320 | blauw | blue | blau | bleu |
| 420 | groen | green | grün | vert |
| 520 | rood | red | rot | rouge |
| 521 | pink | pink | pink | rose |
| 620 | paars | purple | flieder | violet |

# GRImAS® WATER MAKE-UP

| doosje 15 ml | container 15 ml | Döschen 15 ml | boîte 15 ml |
|---|---|---|---|
| doosje 25 ml | container 25 ml | Döschen 25 ml | boîte 25 ml |
| doosje 70 ml | container 70 ml | Döschen 70 ml | boîte 70 ml |
| fluor alleen in 15 ml | fluorescent only in 15 ml | Fluorisierend nur in 15 ml | couleurs fluorescentes uniquement en boîte de 15 ml |

### palet 6 kleuren / palette 6 colours / palette 6 farben / palette 6 couleurs

| | | | | |
|---|---|---|---|---|
| 001 | wit | white | weiß | blanc |
| 201 | geel | yellow | gelb | jaune |
| 301 | donkerblauw | dark blue | dunkelblau | bleu foncé |
| 401 | groen | green | grün | vert |
| 501 | felrood | bright red | grellrot | pourpre |
| 101 | zwart | black | schwarz | noir |

### palet 12 kleuren / palette 12 colours / palette 12 farben / palette 12 couleurs

| | | | | |
|---|---|---|---|---|
| 001 | wit | white | weiß | blanc |
| 201 | geel | yellow | gelb | jaune |
| 301 | donkerblauw | dark blue | dunkelblau | bleu foncé |
| 401 | groen | green | grün | vert |
| 501 | felrood | bright red | grellrot | pourpre |
| 101 | zwart | black | schwarz | noir |
| 402 | zeegroen | sea green | seegrün | vert de mer |
| 502 | rose | pink | rosa | rose |
| 601 | paars | purple | flieder | violet |
| 503 | oranje | orange | orange | orange |
| 701 | zilver | silver | silber | argent |
| 702 | goud | gold | gold | or |

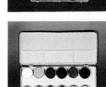

### palet 24 kleuren / palette 24 colours / palette 24 farben / palette 24 couleurs

| | | | | |
|---|---|---|---|---|
| 001 | wit | white | weiß | blanc |
| 101 | zwart | black | schwarz | noir |
| 103 | donkergrijs | dark grey | dunkelgrau | gris foncé |
| 201 | geel | yellow | gelb | jaune |
| 203 | felgeel | bright yellow | grellgelb | jaune vif |
| 301 | donkerblauw | dark blue | dunkelblau | bleu foncé |
| 302 | lichtblauw | light blue | hellblau | bleu clair |
| 303 | blauw | blue | blau | bleu |
| 401 | groen | green | grün | vert |
| 402 | zeegroen | sea green | seegrün | vert de mer |
| 403 | grasgroen | grass green | grasgrün | vert gazon |
| 405 | turquoise | turquoise | türkis | turquoise |
| 501 | felrood | bright red | grellrot | pourpre |
| 502 | rose | pink | rosa | rose |
| 503 | oranje | orange | orange | orange |
| 504 | bordeaux | bordeaux | bordeaux | bordeaux |
| 505 | dieprood | dark red | tiefrot | rouge profond |
| 601 | paars | purple | flieder | violet |
| 602 | lila | lilac | lila | lilas |
| 701 | zilver | silver | silber | argent |
| 702 | goud | gold | gold | or |
| 1001 | donkerbruin | dark brown | dunkelbraun | brun foncé |
| 1040 | middenbruin | middle brown | mittelbraun | brun moyen |
| 1075 | steenrood | brick red | steinrot | rouge brique |

### palet 6 kleuren fluor / palette 6 colours fluorescent / palette 6 farben fluorisierend / palette 6 couleurs fluorescentes

| | | | | |
|---|---|---|---|---|
| 220 | geel | yellow | gelb | jaune |
| 320 | blauw | blue | blau | bleu |
| 420 | groen | green | grün | vert |
| 520 | rood | red | rot | rouge |
| 521 | pink | pink | pink | rose |
| 620 | paars | purple | flieder | violet |

# GRIMAS® CAKE MAKE-UP
### Art.030

Makkelijk aan te brengen basis, vochtig sponsje. Laten drogen. Licht uitwrijven, tissue of zachte doek. Verwijderen, cleansing cream - cleansing milk. Speciaal geschikt voor zwart-wit foto's, zwarte piet, ballet, theater. Belichten-beschaduwen met Rouge-Oogschaduw.
Zeer geschikt voor gezichtsbeschilderingen - bodypaint.

### Doos, inhoud 40 gram.

Leverbaar in alle huidstinten (zie blz. 244) behalve 1003, 1011, 1012, D25, D35 en D75.

Ook leverbaar in 001 - wit
003 - gebroken wit
101 - zwart
102 - lichtgrijs

Easy to apply base, humid sponge. Allow to dry. Wipe gently, tissue or soft cloth. Remove, cleansing cream - cleansing milk. Especially suitable for black and white photos. ballet, theatre. Lighting-shading with rouge-eyeshadow. Very
suitable for facepaintings-bodypaint.

### Flat container contents 40 gm.

Available in all skin tones (see page 244) except 1003, 1011, 1012, D25, D35 and D75

Also available in 001 - white
003 - broken white
101 - black
102 - light grey

Einfach auf zu tragen Basis, feuchten Schwämmchen. Trocknen lassen. Leicht ausreiben, Tissue oder weichen Tuch. Entfernen, Cleansing cream - Cleansing milk. Besonders geeignet für Schwarz-Weiss Foto, Knecht Ruprecht, Ballet, Theater. Aufhellen-schattieren mit Rouge-Lidschatten. Sehr geeignet für Gesichtsbemalungen-Bodypaint.

### Dose mit 40 Gramm Inhalt.

Erhältlich in allen Hauttönen (Seite 244) außer 1003, 1011, 1012, D25, D35 und D75.

Auch lieferbar in 001 - weiß
003 - creme
101 - schwarz
102 - hellgrau

Fond facilement à appliquer, éponge humide. Laissez sécher. Frotter légèrement, kleenex ou tissu doux. Enlever, cleansing cream-cleansing milk. Se prête particulièrement bien pour photo's en noir et blanc, ballet théatre. Éclairer-ombrer avec rouge à joues-ombre à paupières.
Se prête particulièrement bien au grimage des visage-'bodypaint'.

### Boîte de 40 g.

Coloris: toutes les couleurs chair (p. 244) sauf 1003, 1011, 1012, D25, D35 et D75.

Egalement en vente: 001 - blanc
003 - crème
101 - noir
102 - gris clair

CONTENTS:
Talc Peg-40-hydrogenated castor oil Mineral oil Amphoteric 2 Water Methylparaben Stearic acid Propylparaben PEG 8 Methyldibromoglutaronitrile (and) Phenoxyethanol Lanolin oil Titanium dioxide Cetyl alcohol Iron oxides Triethanolamine Perfume Glyceryl stearate.

# GRIMAS® CRÈME MAKE-UP
### Art.020

Grimas crème make-up is op een vette basis en dus niet met water te verwijderen. Het moet worden verwijderd met remover olie, cleansing cream of afschmink. Om glimmen en afgeven te voorkomen dient het gegrimeerde gezicht altijd te worden afgepoederd.

As oil is the main element used, crème make-up cannot be removed with water. It has to be removed with make-up remover or cleansing cream. To avoid the make-up being rubbed off or shining it has to be powdered

Grimas Crème Make-up ist auf wachsartiger und ölartiger Basis hergestellt, lässt sich also nicht mit Wasser entfernen, sondern muß mit Removeröl, Abschminke oder Reinigungscrème entfernt werden Um Glänzen und Abfärben zu verhindern, sollte das geschminkte Gesicht immer gepudert werden.

La base de Crème de Maquillage Grimas est grasse, elle ne peut s'enlever à l'eau. Le démaquillage nécessite l'emploi de make-up remover ou de Cleansing Cream. Poudrez toujours le visage maquillé afin d'éviter qu'il ne brille ou ne se salisse.

CONTENTS :
SKIN COLOURS: mineral oil Aluminium silicate Paraffin Carnauba Beeswax Titanium dioxide Iron oxides Propylparaben Tocopherol(and)BHT

BRIGHT COLOURS: Mineral oil Octyl dodecanol Petrolatum Aluminium silicate Paraffin Ceresin wax Bees wax Carnauba Castor oil Titanium dioxide Iron oxides Cosmetic colours Propylparaben Tocopherol(and)BHT Perfume

# GRIMAS® CRÈME MAKE-UP

| | Huidstinten Theaterkleuren<br>doosje 15 ml<br>stick 40 ml | Skincolours Stage colours<br>container 15 ml<br>stick 40 ml | Hautfarben Theaterfarben<br>Döschen 15 ml<br>Sift 40 ml | Couleurs chair Couleurs de theatre<br>boîte 15 ml<br>stick rotatif 40 ml |
|---|---|---|---|---|
| 1001 | donkerbruin/zwarte piet | dark brown | dunkelbraun | brun foncé |
| 1002 | toneel dames | stage women | bühne damen | comédiennes |
| 1003 | licht rose | light pink | hellrosa | rose clair |
| 1004 | chinees | chinese | chinese | chinois |
| 1005 | toneel dames | stage women | bühne damen | comédiennes |
| 1006 | middelbare leeftijd dames | middle age women | mittleres alter damen | dames d'âge mûr |
| 1007 | zeer oud heren/dames | old age men/ women | sehr alte herren/damen | hommes/femmes très âgés |
| 1009 | zuideuropeaan/ licht roodbruin | south european/ light red brown | südeuropäer/ hell rotbraun | européen méridional rouge brun clair |
| 1011 | middelbare leeftijd dames | middle age women | mittleres alter damen | dames d'âge mûr |
| 1012 | middelbare leeftijd dames | middle age women | mittleres alter damen | dames d'âge mûr |
| 1014 | toneel heren donkerbruin | stage men-dark brown | bühne herren dunkelbraun | comédiens/brun foncé |
| 1015 | toneel dames lichtbruin | stage women-light brown | bühne damen hellbraun | comédiennes/brun clair |
| 1017 | toneel heren roodbruin | stage men-red brown | bühne herren rotbraun | comédiens/rouge brun |
| 1027 | toneel heren | stage men | bühne herren | comédiens |
| 1033 | toneel dames | stage women | bühne damen | comédiennes |
| 1040 | zigeuner lichtbruin | gipsy light brown | zigeuner, hellbraun | bohémien/brun clair |
| 1043 | middelbruin/chocolade | middle brown/chocolate | mittelbraun/schokolade | brun moyen/chocolat |
| 1045 | roodbruin zuideuropeaan | red brown/south european | rotbraun,südeuropäer | brun roux européen méridional |
| 1046 | roodbruin donker | red brown dark | rotbraun, dunkel/ schattierungsfarbe | brun roux foncé |
| 1072 | zeer oud | very old | sehr alt | très âgé |
| 1075 | steenrood | brick red | indianer/steinrot | rouge brique |
| 1099 | toneel dames/rose | stage women-pink | bühne damen/rosa | comédiennes/rose |
| 1521 | lijkenkleur/shock | corpse colour/shock | leichenfarbe | couleur cadavérique |
| 1121-1130 | oplopend | increasing | ansteigend | couleurs dégradée |
| W1-W12 | Kleintheater daglicht/TV/foto | Close stage daylight/TV/photo | Kleintheater Tageslicht/TV/Photo | Petit theatre lumière du jour/tele photo |
| | Daglicht/video/TV/ foto | Daylight/video/TV/ photo | Tageslicht/ Video / TV/ Photo | Lumière du jour/ video/tele/photo |
| LE | licht egyptisch/ dames | light egyptian/women | hell ägyptisch/damen | Egyptiennes/clair |
| DE | donker egyptisch/heren | dark egyptian/men | dunkel ägyptisch/herren | Egyptiens/foncé |
| OA | zeer oud/grijsachtige tint | old age/greyish shade | sehr alt/grauton | très âgé/teinte grisâtre |
| AL | schaduwkleur bijv.OA | colour used for shading | schattenfarbe z.b.OA | ombres par exemple pour OA |
| PF | pale flesh/oud dames/ heren | pale flesh/old women/ men | pale flesh/alte damen/ herren | chair pâle/vieilles dames/hommes |
| N2 | neger | negro | neger | nègre |
| IVORY | neutrale make-up | neutral make-up | neutrales make-up | maquillage neutre |
| IVORY 5 | neutrale make-up, gelig | yellowish (middle age) | neutral gelblich | maquillage neutre-jaunâtre |
| 1704 | dames | women | damen | dames |
| 1705 | heren/dames | men/women | herren/damen | hommes/dames |
| 1706 | heren/dames | men/women | herren/damen | hommes/dames |
| G0 | neutraal licht | neutral light | neutral hell | neutre clair |
| G1 | neutraal dames | neutral women | neutral damen | neutre dames |
| G2 | neutraal dames | neutral women | neutral damen | neutre dames |
| G3 | neutraal heren | neutral men | neutral herren | neutre hommes |
| G4 | neutraal | neutral | neutral | neutre |
| B0 | licht beige | light beige | licht beige | beige clair |
| B1 | beige 1 | beige 1 | beige 1 | beige 1 |
| B2 | beige 2 | beige 2 | beige 2 | beige 2 |
| B3 | beige 3 | beige 3 | beige 3 | beige 3 |
| B4 | beige 4 | beige 4 | beige 4 | beige 4 |
| B10 | schaduwkleur voor beige | shading colour for beige | schattenfarbe für beige | ombre pour beige |
| D2 - D16 | voor de donkere huid, oplopend. | for the dark skin, increasing. | für die dunkle Haut, ansteigend. | pour les teints plus foncés, coleur dégradée |
| D25 | mengkleur okergeel | blending colour yellow ochre | Mischfarbe ockergelb | couleur melangée ocre jaune |
| D35 | mengkleur blauw | blending colour blue | Mischfarbe blau | couleur melangée bleu |
| D75 | mengkleur steenrood | blending colour brick red | Mischfarbe steinrod | couleur melangée rouge brique |

# GRIMAS® CRÈME MAKE-UP

| Felle kleuren | Bright colours | Bunte farben | Couleurs vives |
|---|---|---|---|
| doosje 15 ml | container 15 ml | Döschen 15 ml | boîte 15 ml |
| doosje 25 ml | container 25 ml | Döschen 25 ml | boîte 25 ml |
| 001-003-101 ook in stick 40 ml | 001-003-101, also in stick 40 ml | 001-003-101, auch in Stift 40 ml | 001-003-101, aussi en stick rotatif 40 ml |

| Nr. | Felle kleuren | Bright colours | Bunte farben | Couleurs vives |
|---|---|---|---|---|
| 001 | wit | white | weiß | blanc |
| 003 | gebroken wit | broken white | creme | crème |
| 101 | zwart | black | schwarz | noir |
| 102 | lichtgrijs | light grey | hellgrau | gris clair |
| 103 | donkergrijs | dark grey | dunkelgrau | gris foncé |
| 201 | geel-oranje | yellow orange | gelb | jaune-orange |
| 202 | okergeel | yellow ochre | ockergelb | ocre jaune |
| 203 | felgeel | bright yellow | grellgelb | jaune vif |
| 301 | donkerblauw | dark blue | dunkelblau | bleu foncé |
| 302 | lichtblauw | light blue | hellblau | bleu clair |
| 303 | blauw | blue | blau | bleu |
| 304 | korenblauw | azure | kornblumenblau | bleu barbeau |
| 401 | groen | green | grün | vert |
| 402 | zeegroen | sea green | seegrün | vert de mer |
| 403 | grasgroen | grass green | grasgrün | vert gazon |
| 404 | mosgroen | moss green | moosgrün | vert mousse |
| 405 | turquoise | turquoise | türkis | turquoise |
| 406 | pastelgroen | pastel green | pastellgrün | vert pastel |
| 407 | felgroen | bright green | grellgrün | vert vif |
| 501 | felrood | bright red | grellrot | pourpre |
| 502 | rose | pink | rosa | rose |
| 503 | oranje | orange | orange | orange |
| 504 | bordeaux | bordeaux | bordeaux | bordeaux |
| 505 | dieprood | dark red | tiefrot | rouge profond |
| 506 | felrose | bright pink | grellrosa | rose vif |
| 507 | oudrood | old red | altrosa | vieux rose |
| 601 | paars | purple | flieder | violet |
| 602 | lila | lilac | lila | lilas |
| 701 | zilver | silver | silber | argent |
| 702 | goud | gold | gold | or |
| 703 | koper | copper | kupfer | cuivre |

# ᏀᏒᎥᗰᎯᏕ CRÈME MAKE-UP

| | doosje 15 ml<br>doosje 25 ml<br>stick 40 ml | container 15ml<br>container 25ml<br>stick 40 ml | Döschen 15 ml<br>Döschen 25 ml<br>Stift 40 ml | boîte 15 ml<br>boîte 25 ml<br>stick rotatif<br>40 ml | |
|---|---|---|---|---|---|
| | *A palet*<br>*6 kleuren* | *A palette*<br>*6 colours* | *A palette*<br>*6 farben* | *A palette*<br>*6 couleurs* |  |
| 001 | wit | white | weiß | blanc | |
| 201 | geel | yellow | gelb | jaune | |
| 301 | donkerblauw | dark blue | dunkelblau | bleu foncé | |
| 401 | groen | green | grün | vert | |
| 501 | felrood | bright red | grellrot | pourpre | |
| 101 | zwart | black | schwarz | noir | |
| | *S palet*<br>*6 kleuren*<br>*schaduwpalet* | *S palette*<br>*6 colours*<br>*shading* | *S palette*<br>*6 farben*<br>*schattieren* | *S palette*<br>*6 couleurs*<br>*gamme*<br>*d'ombres* | |
| 001 | wit | white | weiß | blanc | |
| 501 | felrood | bright red | grellrot | pourpre | |
| 504 | bordeaux | bordeaux | bordeaux | bordeaux | |
| 1046 | roodbruin donker | red brown dark | rotbraun dunkel | brun roux foncé | |
| 103 | donkergrijs | dark grey | dunkelgrau | gris foncé | |
| 1001 | donkerbruin | dark brown | dunkelbraun | brun foncé | |
| | *B palet*<br>*12 kleuren*<br>*beschaduwen*<br>*belichten*<br>*oogschaduw*<br>*rouge*<br>*lippen* | *B palette*<br>*12 colours*<br>*shading*<br>*highlighting*<br>*eyeshadow*<br>*rouge*<br>*rouge, lips* | *B palette*<br>*12 farben*<br>*schattieren,*<br>*aufhellen,*<br>*lidschatten*<br>*rouge, lippen* | *B palette*<br>*couleurs,*<br>*ombres, effets*<br>*lumineux,*<br>*ombres des*<br>*yeux, ombres*<br>*des joues*<br>*(rouge), rouge*<br>*à lèvres* |  |
| 001 | wit | white | weiß | blanc | |
| 201 | geel | yellow | gelb | jaune | |
| 101 | zwart | black | schwarz | noir | |
| 1072 | zeer oud | very old | sehr alt | très âgé | |
| 103 | donkergrijs | dark grey | dunkelgrau | gris foncé | |
| 401 | groen | green | grün | vert | |
| 501 | felrood | bright red | grellrot | pourpre | |
| 504 | bordeaux | bordeaux | bordeaux | bordeaux | |
| 1017 | roodbruin | red brown | rotbraun | brun roux | |
| 304 | korenblauw | azure | kornblumenblau | bleu barbeau | |
| 1046 | roodbruin donker | red brown dark | rotbraun dunkel | brun roux foncé | |
| 1001 | donkerbruin | dark brown | dunkelbraun | brun foncé | |
| | *F palet*<br>*12 kleuren*<br>*oogschaduw*<br>*rouge*<br>*lippen* | *F palette*<br>*12 colours*<br>*eyeshadow*<br>*rouge, lips* | *F palette*<br>*12 farben*<br>*lidschatten*<br>*rouge, lippen* | *F palette*<br>*12 couleurs,*<br>*ombres des*<br>*yeux, ombres*<br>*des joues*<br>*(rouge) rouge*<br>*à lèvres* |  |
| 302 | lichtblauw | light blue | hellblau | bleu clair | |
| 304 | korenblauw | azure | kornblumenblau | bleu barbeau | |
| 401 | groen | green | grün | vert | |
| 404 | mosgroen | moss green | moosgrün | vert mousse | |
| 405 | turquoise | turquoise | türkis | turquoise | |
| 701 | zilver | silver | silber | argent | |
| 506 | felrose | bright pink | grellrosa | rose vif | |
| 505 | dieprood | dark red | tiefrot | rouge profond | |
| 504 | bordeaux | bordeaux | bordeaux | bordeaux | |
| 503 | oranje | orange | orange | orange | |
| 602 | lila | lilac | lila | lila | |
| 702 | goud | gold | gold | or | |

| | | | | |
|---|---|---|---|---|
| G1 | | | | |
| G3 | H palet 12 | H palette | H palette | H palette |
| 1040 | 12 huidstinten | 12 skintones | 12 hautfarben | 12 couleurs |
| 1045 | | | | chair |
| N2 | | | | |
| 1004 | | | | |

| | L palet | L palette | L palette | L palette |
|---|---|---|---|---|
| | 12 kleuren | 12 colours | 12 farben | 12 couleurs, |
| | verwondingen | wounds | verwundungen | plaies et |
| | | | | blessures |
| 001 | wit | white | weiß | blanc |
| 1007 | zeer oud | very old | sehr alt | très âgé |
| 1002 | toneel dames | stage women | bühne damen | comédiennes |
| 1003 | lichtrose | light pink | hellrosa | rose clair |
| 1014 | toneel heren | stage men | bühne herren | comédiens |
| 406 | pastelgroen | pastel green | pastelgrün | vert pastel |
| 201 | geel | yellow | gelb | jaune |
| 505 | dieprood | dark red | tiefrot | rouge profond |
| 504 | bordeaux | bordeaux | bordeaux | bordeaux |
| 304 | korenblauw | azure | kornblumenblau | bleu barbeau |
| 103 | donkergrijs | dark grey | dunkelgrau | gris foncé |
| 101 | zwart | black | schwarz | noir |

| | W palet | W palette | W palette | W palette |
|---|---|---|---|---|
| W12 | 12 kleuren | 12 skintones | 12 hautfarben | 12 couleurs |
| | | | | chair |

| | K palet | K palette | K palette | K palette |
|---|---|---|---|---|
| | 24 kleuren | 24 colours | 24 farben | 24 couleurs |
| 001 | wit | white | weiß | blanc |
| W1 | zeer licht | very light | sehr hell | très clair |
| 1521 | lijkenkleur | corpse | leichen | cadavérique |
| 102 | lichtgrijs | light grey | hellgrau | gris clair |
| 103 | donkergrijs | dark grey | dunkelgrau | gris foncé |
| 101 | zwart | black | schwarz | noir |
| 402 | zeegroen | sea green | seegrün | vert de mer |
| 403 | grasgroen | grass green | grasgrün | vert gazon |
| 401 | groen | green | grün | vert |
| 503 | oranje | orange | orange | orange |
| 501 | felrood | bright red | grellrot | pourpre |
| 507 | oudrood | old red | altrosa | vieux rose |
| 703 | koper | copper | kupfer | cuivre |
| 702 | goud | gold | gold | or |
| 701 | zilver | silver | silber | argent |
| 1001 | donkerbruin | dark brown | dunkelbraun | brun foncé |
| 1046 | donker roodbruin | red brown dark | rotbraun dunkel | brun roux foncé |
| 1075 | steenrood | brick red | steinrot | rouge brique |
| 301 | blauw | blue | blau | bleu |
| 304 | korenblauw | azure | kornblumenblau | bleu barbeau |
| 405 | turquoise | turquoise | türkis | turquoise |
| 601 | paars | purple | flieder | violet |
| 602 | lila | lilac | lila | lilas |
| 201 | geel | yellow | gelb | jaune |

| | D palet | D palette | D Palette | D palette |
|---|---|---|---|---|
| | 12 kleuren | 12 colours | 12 Farben | 12 couleurs |
| | voor de | for the dark | für die dunkle | pour les teints |
| | donkere huid | skin. | Haut | plus foncés |
| D2 | | | | |
| D4 | | | | |
| D6 | oplopend van | increasing from | ansteigend van | dégradé du |
| D8 | lichtbruin naar | light brown to | hellbraun bis | brun clair |
| D10 | zeer donkerbruin | very dark brown | sehr dunkelbraun. | au urun très foncé |
| D12 | | | | |
| D14 | | | | |
| D16 | | | | |
| 101 | zwart | black | schwarz | noir |
| D25 | okergeel | yellow ochre | ockergelb | ocre jaune |
| D75 | steenrood | brick red | steinrot | rouge brique |
| D35 | blauw | blue | blau | bleu |

# GRIMAS® FOUNDATION
*Art.028*

Grimas Foundation is een matte,vloeibare make-up, die zowel transparant als dekkend kan worden aangebracht. Bijzonder geschikt voor persoonlijk gebruik, foto, video enz.

*Flesje inhoud 35 ml*

Leverbaar in 22 huidstinten:
B1, B2, B4, G0, G1, G2, G3, G4,
W1, W3, W5, LE, PF, IV,
D2, D4, D6, D8, D10, D12, D14, D16.

Grimas Foundation is a mat, fluid make-up, which can be applied transparent or covering. Especially suitable for personal use, photo, video etc.

*Bottle contents 35 ml*

Available in 22 tones:
B1, B2, B4, G0, G1, G2, G3, G4,
W1, W3, W5, LE, PF, IV,
D2, D4, D6, D8, D10, D12, D14, D16.

Grimas Foundation ist ein mattes, flüssiges Make-up, das transparent oder deckend aufgetragen werden kann. Besonders geeignet für persönlichen Gebrauch, für Foto, Video usw.

*Flasche, Inhalt 35 ml.*

Lieferbar in 22 Hauttönen:
B1, B2, B4, G0, G1, G2, G3, G4,
W1, W3, W5, LE, PF, IV,
D2, D4, D6, D8, D10, D12, D14, D16.

Grimas Foundation est un fond de teint fluide et mat qui peut être translucide ou couvrant, ceci selon l'application. Peut parfaitement être utilisé comme maquillage normal et photographie, video etc.

*Flacon de 35 ml.*

Coloris: 22 couleurs chair:
B1, B2, B4, G0, G1, G2, G3, G4,
W1, W3, W5, LE, PF, IV,
D2, D4, D6, D8, D10, D12, D14, D16.

CONTENTS: Water
2-Ethyl-hexyl-2-ethyl hexanoate
Glyceryl stearate se
Peg-20 glyceryl stearate
Glycerin
Decyl oleate
Peg-7 glyceryl cocoate
Mineral oil
Dialkyldimethylpysiloxane
Xanthan gum
Methylparaben
Propylparaben
2-bromo-2 nitropropane-1,3 diol
Perfume
Titanium dioxide
Iron oxides

# GRIMAS® COVER CREAM / CAMOUFLAGE MAKE-UP
*Art.023*

Sterk dekkende Crème Make-up die bijzonder geschikt is voor:
- Het wegwerken van kleurverschillen tussen b.v. latex, kaalkoppen en de huid.
- Het camoufleren van kleurverschillen op de huid.
- Gebruik onder extreme omstandigheden, zoals zwemmen, regen en warmte, dus ook geschikt voor foto, film, - video, modeshows en karnaval.

WERKWIJZE:
Huid schoon, dus vetvrij maken (b.v. met Cleansing Lotion). Meng de Cover Cream op een spatel. Door het mengen wordt de make-up zachter waardoor deze makkelijker en dunner aangebracht kan worden. De make-up voor onder het oog kan nog zachter worden gemaakt door een kleine hoeveelheid Under Make-up Base of Cleansing Milk op de spatel mee te mengen, vervolgens dun met een penseel opbrengen en met de vinger inkloppen. Breng bij zeer donkere plekken op de huid eerst een zeer lichte kleur (b.v.001) aan, bij rode plekken lichtgroen (408). Breng de make-up aan met een penseel, een sponsje of de vingers. Poeder totaal af met fixeerpoeder. Na ongeveer 10 minuten de overtollige poeder verwijderen. De make-up is nu waterproof. Met een vochtig watje nadeppen om een gepoederd uiterlijk te vermijden. Bij kleine beschadigingen kan meestal met poederen volstaan worden. Bij grote beschadigingen de make-up opnieuw aanbrengen. Na regen of zwemmen het water altijd deppend verwijderen, dus nooit wrijven. Verwijderen met een goede vettige crème, b.v. Cleansing Cream. Na reiniging eventueel Skin Care Cream aanbrengen.

Strong covering Crème Make-up, which is very suitable for:
- Eliminating differences in colour between e.g.latex, bald caps and the skin.
- Masing skin discolorations
- Use in any circumstances, such as when swimming, or in the rain or heat. Is therefore also suitable for photo, film, video, t.v.,fashion shows and carnival.

### METHOD OF USE:
Cleanse the skin, therefore removing all make-up or body grease with Cleansing Lotion. Mix the colour on a spatula. Mixing the make-up makes it softer, so that it can be applied easily and more thinly.
The make-up for under the eyes can be made even softer by mixing a small amount of Under Make-up Base or Cleansing Milk with it on the spatula, and then applying it thinly with a brush and dabbing it into the skin with the finger. On very dark spots first of all apply a light shade (e.g.001) and with red areas apply light green (408). Apply the make-up with a brush, a sponge or the fingers. Apply fixing powder over the area. After approximately 10 minutes remove the excess powder. The make-up is now waterproof. Pat over with damp cotton wool to avoid a powdery appearance. Powdering is usually sufficient for small impairments. For larger impairments re-apply the make-up. After rain or swimming always dab off, never rub.
Remove with a good greasy cream, e.g. Cleansing Cream. After cleansing apply Skin Care Cream if required.

Stark deckendes Crème Make-up, welches gut geeignet ist zum:
- Ausgleichen von Farbunterschieden zwischen Latexteilen, Glatzen usw. und der Haut.
- Maskieren von Hautveränderungen.
- Gebrauch bei außergewöhnlichen Umständen wie Schwimmen, in Regen und Hitze. Empfehlenswert für Foto, - Video, TV, Modeschauen und Fasching.

### ANWENDUNG:
Haut reinigen und fettfrei vorbereiten (z.B. mit Cleansing Lotion). Mischen Sie die Farbe auf einem Spatel. Durch das Mischen wird das Make-up geschmeidiger, wodurch es leichter aufgetragen werden kann. Zum Abdecken von Augenschatten die Crème bei sehr reifer oder faltiger Haut mit ganz wenig Under Make-up Base oder Cleansing Milk auf dem Spatel vermischen, dünn mit einem Pinsel auftragen und mit der Fingerkuppe einklopfen. Auf sehr dunkle Hautveränderungen erst ganz helle Farbe (z.B.001), auf Rötungen erst dünn grün (408) auftragen. Die Crème auf kleinen Stellen mit Pinsel, auf größeren Flächen mit Schwamm oder Fingern auftupfen und mit abrollenden Bewegungen einarbeiten.
Alles mit Fixierpuder abpudern. Nach ca.10 Minuten das überschüssige Puder entfernen. Das Make-up ist jetzt wasserbeständig. Mit einem feuchten Wattebausch betupfen, um ein gepudertes Aussehen zu vermeiden. Bei kleinen Beschädigungen der Crème reicht nachpudern meist aus. Bei größeren das Make-up erneuern. Nach Regen oder Schwimmen immer tupfend abtrocknen - nie reiben ! Entfernen der Crème mit einer guten Intensivreinigungscrème (z.B.Cleansing Cream). Nach der Reinigung eventuell Skin Care auftragen.

Cover Cream est une crème couvrante qu'on utilise pour:
- Faire disparaître les différences de couleurs entre le latex, les plastiques pour crânes chauves et la peau.
- Camoufler les différences de couleurs sur la peau.
- Circonstances extrêmes, telles que la natation, la pluie et la chaleur. S'utilise pour photo, film, vidéo, défilés de modes et carnaval.

### MODE D'EMPLOI:
Bien nettoyer la peau, donc éliminer les corps gras avec une lotion démaquillante. Mélanger la crème couvrante sur une spatule. En même temps, le fond-de-teint devient plus souple, donc plus facile à appliquer en couche légère. Pour maquiller le dessous des yeux, ajouter au fond-de-teint une pointe de Crème Démaquillante, mélanger sur la spatule, puis appliquer au pinceau en couche légère et faire pénétrer en tapotant avec le doigt.
Sur des taches très foncées, appliquer d'abord un fond-de-teint très clair, tel que le no.001, et sur des taches rougeâtres un vert clair (no.408). Appliquer le fond-de-teint au pinceau, à l'éponge, ou avec les doigts.
Enfin fixer le maquillage en poudrant complètement. Après une dizaine de minutes, enlever l'excédent de poudre. Le maquillage est maintenant résistant à l'eau. Tamponner avec un coton humide pour éviter un aspect poudreux. Pour de petites imperfections, le poudrage est suffisant. Pour des taches plus importantes, appliquer une deuxième couche de fond-de-teint. Après exposition à la pluie ou en sortant de l'eau, sécher en tamponnant. Ne jamais frotter. Pour le démaquillage, utiliser une crème grasse telle que la Cleansing Cream. Compléter éventuellement par l'application de la Crème de Soins Skin Care Cream.

CONTENTS:
Castor oil  Beeswax · Octyl stearate  Aluminium silicate  Paraffin  Talc  Mineral oil  Propylparaben  Tocopherol(and)BHT  Cosmetic colours.

| | | | | |
|---|---|---|---|---|
| 001 | wit | white | weiss | blanc |
| 101 | zwart | black | schwarz | noir |
| 203 | felgeel | bright yellow | grell gelb | jaune vif |
| 303 | blauw | blue | blau | bleu |
| 403 | grasgroen | grass green | grassgrün | vert gazon |
| 408 | lichtgroen | light green | hell grün | vert clair |
| 501 | felrood | bright red | grell rot | pourpre |
| 506 | felrose | bright pink | grell rosa | rose vif |
| 602 | lila | lilac | lila | lila |
| B1 | beige 1 | beige 1 | beige 1 | beige 1 |
| B2 | beige 2 | beige 2 | beige 2 | beige 2 |
| B3 | beige 3 | beige 3 | beige 3 | beige 3 |
| B4 | beige 4 | beige 4 | beige 4 | beige 4 |
| G0 | neutraal licht | neutral light | neutral hell | neutre clair |
| G1 | neutraal dames | neutral women | neutral Damen | neutre dames |
| G2 | neutraal dames | neutral women | neutral Damen | neutre dames |
| G4 | neutraal | neutral | neutral | neutre |
| IV5 | neutraal gelig | neutral yellowish | neutral gelblich | neutre jaunâtre |
| LE | licht egyptisch | light egyptian | hell ägypyisch | egyptiennes clair |
| W3 | licht algemeen | light common | hell algemein | clair universel |
| W5 | neutraal algemeen | neutral common | neutral algemein | neutre universel |
| D2 | | | | |
| D4 | | | | |
| D6 | | | | |
| D8 | oplopend van | increasing from | ansteigend von | dégradé du |
| D10 | lichtbruin naar | light brown to | hellbraun bis | brun clair au |
| D12 | zeer donkerbruin | very dark brown | sehr dunkelbraun | brun très foncé |
| D14 | | | | |
| D16 | | | | |
| D25 | okergeel | yellow ochre | ockergelb | ocre jaune |
| D35 | blauw | blue | blau | bleu |
| D75 | steenrood | brick red | steinrot | rouge brique |

| Doosje 25 ml | Container 25 ml | Dose 25 ml | Boîte 25 ml |
|---|---|---|---|
| *CF palet* 12 kleuren | *CF palette* 12 colours | *CF Palette* 12 Farben | *CF palette* 12 couleurs |
| 203 | 203 | 203 | 203 |
| 303 | 303 | 303 | 303 |
| 403 | 403 | 403 | 403 |
| 501 | 501 | 501 | 501 |
| 506 | 506 | 506 | 506 |
| 602 | 602 | 602 | 602 |
| 001 | 001 | 001 | 001 |
| G0 | G0 | G0 | G0 |
| W5 | W5 | W5 | W5 |
| IV5 | IV5 | IV5 | IV5 |
| D12 | D12 | D12 | D12 |
| 101 | 101 | 101 | 101 |
| *CH palet* 12 kleuren | *CH palette* 12 colours | *CH Palette* 12 Farben | *CH palette* 12couleurs |
| 001 | 001 | 001 | 001 |
| 408 | 408 | 408 | 408 |
| G0 | G0 | G0 | G0 |
| G1 | G1 | G1 | G1 |
| G2 | G2 | G2 | G2 |
| G4 | G4 | G4 | G4 |
| B1 | B1 | B1 | B1 |
| B2 | B2 | B2 | B2 |
| B3 | B3 | B3 | B3 |
| B4 | B4 | B4 | B4 |
| LE | LE | LE | LE |
| IV5 | IV5 | IV5 | IV5 |
| *CD palet* 12 kleuren | *CD palette* 12 colours | *CD Palette* 12 Farben | *CD palette* 12 couleurs |
| alle D kleuren +101 | all D colours +101 | alle D Farben +101 | toutes les couleurs D +101 |

# GRIMAS® CORRECTIE STICK
### Art.024

Antiseptisch stickje voor het camoufleren van kleine plekjes of verkleuringen.

*stick 3,5 gram.*

Leverbaar in:
1. lichtgroen
2. beige
3. neutraal licht
4. neutraal normaal
5. neutraal gelig

Grimas correction stick

Anti septic small stick for masking small spots or discolorations.

*stick 3,5 gm.*

Available in:
1. light green
2. beige
3. neutral light
4. neutral normal
5. neutral yellowish

Grimas Correction Stick

Antiseptischer kleiner Stift zum Abdecken von kleinen Stellen, Pickeln oder Hautveränderungen

*Stift 3,5 Gramm.*

Lieferbar in:
1. hellgrün
2. beige
3. neutral hell
4. neutral normal
5. neutral gelbig

Grimas stick correcteur

Un stick antiseptique pour camoufler toute imperfection ou décoloration.

*stick 3,5 grammes.*

coloris:
1. vert clair
2. beige
3. neutre clair
4. neutre habituel
5. neutre jaunâtre

CONTENTS:
Castor oil  Beeswax  Octyl stearate  Aluminium silicate
Paraffin  Talc  Mineral oil  Titanium dioxide  Ultramarine blue
Propylparaben  Tocopherol(and)BHT  Sulfur  Phenoxyethanol

# GRIMAS® MAKE-UP POTLOOD
### Art.022

Make-up potlood. Lengte 18 cm. Met beschermdop.
13 kleuren:
blauw - donkerbruin - lichtbruin - goud - groen - grijs felrood - oranjerood - oudrood - rose - turquoise - wit zwart.

Make-up pencil. 18 cm long, with cap.
13 colours:
blue - dark brown - light brown - gold - green - grey - bright red - orangered - dark red - pink - turquoise - white - black.

Make-up Stift. Länge 18 cm. Mit Schutzkappe.
13 Farben:
blau - dunkelbraun - braun - gold - grün - grau - grellrot - orangerot - altrot - rosa - türkis - weiss - schwarz.

Crayon de maquillage. Longueur 18 cm. Avec capuchon.13 couleurs:
bleu - brun foncé - brun clair - or - vert - gris -pourpre orange - rougeâtre - vieux rouge - rose - turquoise - blanc - noir.

CONTENTS:
Mineral oil  Octyl dodecanol  Petrolatum
Aluminium silicate  Paraffin  Ceresin wax
Beeswax  Carnauba  Castor oil  Titanium dioxide
Iron oxides  Cosmetic colours  Propylparaben  Tocopherol (and)BHT

# GRIMAS® LIPSTICK
### Art.025

De Grimas lipstick is een kleurintensieve stick zonder pearl, leverbaar in 33 kleuren.

| | | | |
|---|---|---|---|
| 0-1 wit | 4-9 felgroen | 5-8 donkerrood | 5-16 roodbruin |
| 1-1 zwart | 5-1 felrood | 5-9 licht cyclaam | 5-17 violetrood |
| 1-2 lichtgrijs | 5-2 rose | 5-10 cyclaam | 5-18 steenrood |
| 2-3 felgeel | 5-3 oranje | 5-11 donker cyclaam | 5-19 licht steenrood |
| 3-1 donkerblauw | 5-4 bordeaux | 5-12 licht oranje | 5-20 diep steenrood |
| 3-2 lichtblauw | 5-5 dieprood | 5-13 zacht rood | 5-22 lever |
| 4-3 grasgroen | 5-6 felrose | 5-14 oud rose | 5-23 licht aubergine |
| 4-5 turquoise | 5-7 oudrood | 5-15 oranje-rood | 5-24 mix 22-23 |
| | | | 6-3 paars |

*stick 3,5 gram  lipgloss doosje 3,5 gram  base doosje 3,5 gram*

De lipgloss is bestemd om de lipsticks te laten glanzen. De base is een kleurloze lipstickmassa die gebruikt wordt om met de lipstick te mengen waardoor de kleur minder intensief wordt.

The Grimas lipstick is a colour intensive stick without pearl, available in 33 colours.

| | | | |
|---|---|---|---|
| 0-1 white | 4-9 bright green | 5-8 dark red | 5-16 red brown |
| 1-1 black | 5-1 bright red | 5-9 light cyclamen | 5-17 violet red |
| 1-2 light grey | 5-2 pink | 5-10 cyclamen | 5-18 brick red |
| 2-3 bright yellow | 5-3 orange | 5-11 dark cyclamen | 5-19 light brick red |
| 3-1 dark blue | 5-4 bordeaux | 5-12 light orange | 5-20 dark brick red |
| 3-2 light blue | 5-5 dark red | 5-13 mild red | 5-22 liver |
| 4-3 grass green | 5-6 bright pink | 5-14 old pink | 5-23 light aubergine |
| 4-5 turquoise | 5-7 old red | 5-15 orange red | 5-24 mix 22-23 |
| | | | 6-3 purple |

*stick 3,5 gm  lipgloss, flat container 3,5 gm  base, flat container 3,5 gm.*

The lipgloss can be used to make the lipstick shine. The lipstick base, without colour, can be used to blend the colour less intensive.

Der Grimas Lipstick ist ein farbintensiver Stift, lieferbar in 33 Farben.

| | | | |
|---|---|---|---|
| 0-1 weiß | 4-9 grellgrün | 5-8 dunkelrot | 5-16 rotbraun |
| 1-1 schwarz | 5-1 grellrot | 5-9 hell zyklamen | 5-17 violettrot |
| 1-2 hellgrau | 5-2 rosa | 5-10 zyklamen | 5-18 steinrot |
| 2-3 grellgelb | 5-3 orange | 5-11 dunkel zyklamen | 5-19 hell steinrot |
| 3-1 dunkelblau | 5-4 bordeaux | 5-12 hell orange | 5-20 tief steinrot |
| 3-2 hellblau | 5-5 tiefrot | 5-13 sanft rot | 5-22 naturel braunlich |
| 4-3 grasgrün | 5-6 grellrosa | 5-14 alt rosa | 5-23 naturel bläulich |
| 4-5 türkis | 5-7 altrot | 5-15 orange rot | 5-24 Mischung 22-23 |
| | | | 6-3 flieder |

*Stick, 3,5 Gm  Gloss, Döschen 3,5 Gramm  Base, Döschen 3,5 Gramm.*

Der Lipgloss ist dazu bestimmt, den matten Lippenstift, wenn gewünscht, glänzen zu lassen. Die Basis ist eine farblose Lippenstiftmasse, die man mit dem farbigen Lippenstift mischen kann. (weniger intensiv)

Le rouge à lèvres Grimas présente des couleurs intenses, sans reflet nacré. Coloris: 33 couleurs.

| | | | |
|---|---|---|---|
| 0-1 blanc | 4-9 vert vif | 5-8 rouge foncé | 5-16 brun roux |
| 1-1 noir | 5-1 pourpre | 5-9 cyclamen clair | 5-17 zinzolin |
| 1-2 gris clair | 5-2 rose | 5-10 cyclamen | 5-18 rouge brique |
| 2-3 jaune vif | 5-3 orange | 5-11 cyclamen foncé | 5-19 rouge brique clair |
| 3-1 bleu foncé | 5-4 bordeaux | 5-12 orange clair | 5-20 rouge brique profond |
| 3-2 bleu clair | 5-5 rouge profond | 5-13 rouge tendre | 5-22 couleur foie |
| 4-3 vert gazon | 5-6 rose vif | 5-14 vieux rose | 5-23 aubergine clair |
| 4-5 turquoise | 5-7 vieux rouge | 5-15 orange rougeâtre | 5-24 melange 22-23 |
| | | | 6-3 violet |

*stick 3,5 grammes  lipgloss, boîte 3,5 grammes  base, boîte 3,5 grammes.*

Lipgloss sert à faire briller les rouges à lèvres. La base est une composition incolore qui, mélangée aux rouges à lèvres, adoucit la couleur.

CONTENTS:
Octyl dodecanol  Tocopherol (and)BHT  Castor oil  Mica  Lanoline alcohol  Titanium dioxide
Candelilla  Iron oxides  Carnauba  Cosmetic colours  Perfume

| | LN palet<br>6 kleuren | LN palette<br>6 colours | LN palette<br>6 farben | LN palette<br>6 couleurs | |
|---|---|---|---|---|---|
| 5-6 | felrose | bright pink | grellrosa | rose vif | |
| 5-13 | zacht rood | mild red | sanft rot | rouge tendre | |
| 5-1 | fel rood | bright red | grellrot | pourpre | |
| 5-2 | rose | pink | rosa | rose | |
| 5-17 | violetrood | violet red | violettrot | zinzolin | |
| 5-19 | licht steenrood | light brick red | hell steinrot | rouge brique clair | |

| | LA palet<br>12 kleuren | LA Palette<br>12 colours | La palette<br>12 farben | LA palette<br>12 couleurs | |
|---|---|---|---|---|---|
| base | base | base | base | base | |
| 5-2 | rose | pink | rosa | rose | |
| 5-6 | felrose | bright pink | grellrosa | rose vif | |
| 5-10 | cyclaam | cyclamen | zyklamen | cyclamen | |
| 5-17 | violetrood | violet red | violettrot | zinzolin | |
| 5-7 | oudrood | old red | altrot | vieux rouge | |
| gloss | lipgloss | lipgloss | gloss | lipgloss | |
| 5-1 | felrood | bright red | grellrot | pourpre | |
| 5-12 | licht oranje | light orange | hell orange | orange clair | |
| 5-14 | oud rose | old pink | alt rosa | vieux rose | |
| 5-20 | diep steenrood | dark brick red | tief steinrot | rouge brique profond | |
| 5-16 | roodbruin | red brown | rotbraun | brun roux | |

| | LF palet<br>12 kleuren | LF palette<br>12 colours | LF palette<br>12 farben | LF palette<br>12 couleurs | |
|---|---|---|---|---|---|
| 0-1 | wit | white | weiß | blanc | |
| 1-2 | lichtgrijs | light grey | hellgrau | gris clair | |
| 2-3 | felgeel | bright yellow | grellgelb | jaune vif | |
| 4-9 | felgroen | bright green | grellgrün | vert vif | |
| 4-5 | turquoise | turquoise | türkis | turquoise | |
| 4-3 | grasgroen | grass green | grasgrün | vert gazon | |
| 3-1 | donkerblauw | dark blue | dunkelblau | bleu foncé | |
| 3-2 | lichtblauw | light blue | hellblau | bleu clair | |
| 5-3 | oranje | orange | orange | orange | |
| 5-1 | felrood | bright red | grellrot | pourpre | |
| 6-3 | paars | purple | flieder | violet | |
| 1-1 | zwart | black | schwarz | noir | |

| | LK palet<br>24 kleuren | LK palette<br>24 colours | LK palette<br>24 farben | LK palette<br>24 couleurs | |
|---|---|---|---|---|---|
| 5-17 | violetrood | violet red | violettrot | zinzolin | |
| 5-10 | cyclaam | cyclamen | zyklamen | cyclamen | |
| 5-9 | lichtcyclaam | light cyclamen | hell zyklamen | cyclamen clair | |
| 5-6 | felrose | bright pink | grellrosa | rose vif | |
| 6-3 | paars | purple | flieder | violet | |
| 1-1 | zwart | black | schwarz | noir | |
| 5-2 | rose | pink | rosa | rose | |
| 5-13 | zachtrood | mild red | sanft rot | rouge tendre | |
| 5-12 | lichtoranje | light orange | hell orange | orange clair | |
| 5-3 | oranje | orange | orange | orange | |
| 5-1 | felrood | bright red | grellrot | pourpre | |
| 5-5 | dieprood | dark red | tiefrot | rouge profond | |
| 5-11 | donkercyclaam | dark cyclamen | dunkelzyklamen | cyclamen foncé | |
| 5-8 | donkerrood | dark red | dunkelrot | rouge foncé | |
| 5-16 | roodbruin | red brown | rotbraun | brun roux | |
| 5-4 | bordeaux | bordeaux | bordeaux | bordeaux | |
| 5-7 | oudrood | old red | altrot | vieux rouge | |
| base | base | base | base | base | |
| 5-20 | diep steenrood | dark brick red | tief steinrot | rouge brique profond | |
| 5-15 | oranje-rood | orange red | orange rot | orange rougeâtre | |
| 5-18 | steenrood | brick red | steinrot | rouge brique | |
| 5-19 | licht steenrood | light brick red | hell steinrot | rouge brique clair | |
| 5-14 | oudrose | old pink | alt rosa | vieux rose | |
| gloss | gloss | gloss | gloss | gloss | |

# GRIMAS® PEARL LIPSTICK
## Art.025

| LIPSTICK MET PEARL LEVERBAAR IN 28 KLEUREN | | | | |
|---|---|---|---|---|
| 7.1 zilver | 75.5 dieprood | 75.12 aubergine | 75.19 licht steenrood |
| 7.2 goud | 75.6 felrose | 75.13 zachtrood | 75.20 diep steenrood |
| 7.3 koper | 75.7 lila | 75.14 oudrose | 75.21 licht lila |
| 75.1 felrood | 75.8 lilarood | 75.15 oranjerood | 75.22 lever |
| 75.2 rose | 75.9 licht cyclaam | 75.16 oudrood | 75.23 licht aubergine |
| 75.3 oranje | 75.10 cyclaam | 75.17 violetrood | 75.24 mix 22-23 |
| 75.4 bordeaux | 75.11 donker cyclaam | 75.18 steenrood | 78.1 bruin |

| LIPSTICK WITH PEARL, AVAILABLE IN 28 COLOURS | | | | |
|---|---|---|---|---|
| 7.1 silver | 75.5 dark red | 75.12 aubergine | 75.19 light brick red |
| 7.2 gold | 75.6 bright pink | 75.13 mild red | 75.20 dark brick red |
| 7.3 copper | 75.7 lilac | 75.14 old pink | 75.21 light lilac |
| 75.1 bright red | 75.8 lilac-red | 75.15 orange red | 75.22 liver |
| 75.2 pink | 75.9 light cyclamen | 75.16 old red | 75.23 light aubergine |
| 75.3 orange | 75.10 cyclamen | 75.17 violet red | 75.24 mix 22-23 |
| 75.4 bordeaux | 75.11 dark cyclamen | 75.18 brick red | 78.1 brown |

| LIPSTICK MIT PEARL LIEFERBAR IN 28 FARBEN | | | | |
|---|---|---|---|---|
| 7.1 silber | 75.5 dunkelrot | 75.12 aubergine | 75.19 hell steinrot |
| 7.2 gold | 75.6 grellrosa | 75.13 sanft rot | 75.20 tief steinrot |
| 7.3 kupfer | 75.7 lila | 75.14 alt rosa | 75.21 hell lila |
| 75.1 grellrot | 75.8 lila rot | 75.15 orange rot | 75.22 naturel braunlich |
| 75.2 rosa | 75.9 hell zyklamen | 75.16 alt rot | 75.23 naturel bläulich |
| 75.3 orange | 75.10 zyklamen | 75.17 violettrot | 75.24 Mischung 22-23 |
| 75.4 bordeux | 75.11 dunkel zyklamen | 75.18 steinrot | 78.1 braun |

| ROUGES A LEVRES NACRES 28 COULEURS SONT EN VENTE | | | | |
|---|---|---|---|---|
| 7.1 argent | 75.5 rouge profond | 75.12 aubergine | 75.19 rouge brique clair |
| 7.2 or | 75.6 rose vif | 75.13 rouge tendre | 75.20 rouge br.profond |
| 7.3 cuivre | 75.7 lila | 75.14 vieux rouge | 75.21 lila clair |
| 75.1 pourpre | 75.8 lila rougeâtre | 75.15 orange rougeâtre | 75.22 couleur foie |
| 75.2 rose | 75.9 cyclamen clair | 75.16 vieux rouge | 75.23 aubergine clair |
| 75.3 orange | 75.10 cyclamen | 75.17 zinzolin | 75.24 melange 22-23 |
| 75.4 bordeaux | 75.11 cyclamen foncé | 75.18 rouge brique | 78.1 brun |

| *stick 3,5 gr* | *stick 3,5 gm* | *stick 3,5 gr* | *stick 3,5 gr* | |
|---|---|---|---|---|
| *LPN palet 6 kleuren* | *LPN palette 6 colours* | *LPN palette 6 farben* | *LPN palette 6 couleurs* | |
| 75-1 felrood | bright red | grellrot | pourpre | |
| 75-13 zachtrood | mild red | sanft rot | rouge tendre | |
| 75-19 licht steenrood | light brick red | hell steinrot | rouge brique clair | |
| 75-8 lilarood | lilac-red | lila rot | lila rougeâtre | |
| 75-9 licht cyclaam | light cyclamen | hell zyklamen | cyclamen clair | |
| 75-3 oranje | orange | orange | orange | |
| *LP1 palet 12 kleuren* | *LP1 palette 12 colours* | *LP1 palette 12 farben* | *LP1 palette 12 couleurs* | |
| 7-1 zilver | silver | silber | argent | |
| 7-2 goud | gold | gold | or | |
| 7-3 koper | copper | kupfer | cuivre | |
| 78-1 bruin | brown | braun | brun | |
| 75-1 felrood | bright red | grellrot | pourpre | |
| 75-3 oranje | orange | orange | orange | |
| 76-1 paars | purple | flieder | violet | |
| 74-1 groen | green | grün | vert | |
| 73-2 lichtblauw | light blue | hellblau | bleu clair | |
| 74-2 zeegroen | sea green | seegrün | vert de mer | |
| 73-1 blauw | blue | blau | bleu | |
| 75-6 felrose | bright pink | grellrosa | rose vif | |

# GRIMAS® PEARL LIPSTICK

| | LP2 palet<br>12 kleuren | LP2 palette<br>12 colours | LP2 palette<br>12 farben | LP2 palette<br>12 couleurs |
|---|---|---|---|---|
| 75-1 | felrood | bright red | grellrot | pourpre |
| 75-2 | rose | pink | rosa | rose |
| 75-3 | oranje | orange | orange | orange |
| 75-13 | zachtrood | mild red | sanft rot | rouge tendre |
| 75-9 | licht cyclaam | light cyclamen | hell zyklamen | cyclamen clair |
| 75-6 | felrose | bright pink | grellrosa | rose vif |
| 75-17 | violetrood | violet red | violettrot | zinzolin |
| 75-16 | oudrood | old red | alt rot | vieux rouge |
| 75-12 | aubergine | aubergine | aubergine | aubergine |
| 75-14 | oudrose | old pink | alt rosa | vieux rose |
| 75-15 | oranje rood | orange red | orange rot | orange rougeâtre |
| 75-20 | diep steenrood | dark brick red | tief steinrot | rouge brique profond |

| | LPK palet<br>24 kleuren | LPK palette<br>24 colours | LPK palette<br>24 farben | LPK palette<br>24 couleurs |
|---|---|---|---|---|
| 75-1 | felrood | dark red | grellrot | pourpre |
| 75-2 | rose | pink | rosa | rose |
| 75-3 | oranje | orange | orange | orange |
| 75-13 | zachtrood | mild red | sanft rot | rouge tendre |
| 75-14 | oudrose | old pink | alt rosa | vieux rose |
| 75-15 | oranjerood | orange red | orange rot | orange rougeâtre |
| 75-18 | steenrood | brick red | steinrot | rouge brique |
| 75-19 | licht steenrood | light brick red | hell steinrot | rouge brique clair |
| 75-20 | diep steenrood | dark brick red | tief steinrot | rouge brique profond |
| 75-16 | oudrood | old red | alt rot | vieux rouge |
| 75-17 | violetrood | violet red | violettrot | zinzolin |
| 75-4 | bordeaux | bordeaux | bordeaux | bordeaux |
| 75-8 | lilarood | lilac-red | lila rot | lila rougeâtre |
| 75-6 | felrose | bright pink | grell rosa | rose vif |
| 75-9 | licht cyclaam | light cyclamen | hell zyklamen | cyclamen clair |
| 75-10 | cyclaam | cyclamen | zyklamen | cyclamen |
| 75-5 | dieprood | dark red | dunkelrot | rouge profond |
| 75-11 | donkercyclaam | dark cyclamen | dunkel zyklamen | cyclamen foncé |
| 75-12 | aubergine | aubergine | aubergine | aubergine |
| 75-7 | lila | lilac | lila | lilas |
| 78-1 | bruin | brown | braun | brun |
| 7-3 | koper | copper | kupfer | cuivre |
| 7-2 | goud | gold | gold | or |
| 7-1 | zilver | silver | silber | argent |

CONTENTS:
Octyl dodecanol  Tocopherol (and) BHT  Castor oil
Mica  Lanoline alcohol  Titanium dioxide  Candelilla
Iron oxides  Carnauba  Cosmetic colours  Perfume

# GRIMAS® FIXEER POEDER
Art.037

Matte waterproef poeder. Onder andere voor gebruik in combinatie met Camouflage Make-up

*potje   20 gram*
*pot    150 gram.*

*A - donkere tinten*
*B - lichte tinten*

FIXING POWDER. Mat, waterproof powder. Can be
used for example in combination with Camouflage
Make-up

*small container 20 gm*
*large container 150 gm*

*A - dark tones*
*B - light tones*

FIXIER PUDER.  Matter, wasserfester Puder, kann
z.B. in Kombination mit Camouflage Make-up
angewandt werden.

*Kleine Dose   20 Gramm.*
*Große Dose 150 Gramm.*

*A - dunkle Hautfarben*
*B - helle Hautfarben*

GRIMAS POUDRE FIXANTE.  Poudre mate imperméable. S'utilise entre autres, en association avec
la Camouflage Make-up

*Pot   20 grammes.*
*Pot 150 grammes.*

*A - teints foncés*
*B - teints clair*

CONTENTS:
Talc  Zinc laurate  Iron oxides
Titanium dioxide  Propylparaben
Methylparaben

# GRIMAS® MAKE-UP POEDER
Art.039

Licht gekleurde, zeer matte poeder.
Voor het afpoederen van Crème Make-up, Foundation en Cake Make-up.

*pot  150 gram*

MAKE-UP POWDER.  Lightly coloured, very mat
powder. For powdering Crème-Make-up, Foundation
and Cake Make-up.

*Large container 150 gm.*

MAKE-UP PUDER.   Leicht getönter, sehr matter
Puder. Zum fixieren von Crème Make-up, Foundation un d Cake Make-up.

*Große Dose 150 Gramm.*

GRIMAS POUDRE DE MAQUILLAGE.  Poudre très
mate, légèrement teintée. S'utilise pour le poudrage
de la Crème Make-up, du Foundation et du Cake
Make-up.

*Pot 150 grammes.*

CONTENTS:
Talc  Aluminium silicate
Iron oxides  Methylparaben
Propylparaben

# GRIMAS® TRANSPARANT POEDER
### Art.035

Voor het afpoederen van derma wax en crème make-up. Beïnvloedt de kleur niet.

*Grote doos 60 gr.*

TRANSPARENT POWDER. For powdering derma wax and crème make-up. Does not affect the colour.

*Large container 60 gm.*

TRANSPARENTPUDER. Zum Abpudern von Derma Wax und Crème Make-up. Beeinflußt die Farbe nicht

*Große Dose 60 Gramm*

GRIMAS POUDRE TRANSPARENTE. Pour le poudrage de derma wax et crème make-up. N'influe nullement sur la couleur.

*Grande boîte 60 grammes*

CONTENTS:
Talc Magnesium carbonate Zinc stearate Calcium carbonate Propylparaben Methylparaben

# GRIMAS® COMPACT POEDER
### Art.034

Een geperste matte poeder. Kan worden gebruikt als normale make-up en over cake- en crème make-up om glanzen te voorkomen (b.v.transpiratie en sterke belichting). Is daardoor zeer geschikt voor film, televisie en video. Aanbrengen met een velours poederdons of poederborstel. De compact poeders zijn in 13 kleuren leverbaar (nrs. 0 t/m 12) en kunnen in combinatie met de onderstaande kleuren gebruikt worden.

*Doosje 10 gram.*

COMPACT POWDER. Pressed mat powder. Can be used as normal make-up and over cake- and crème make-up to avoid shine due to perspiration and strong lights. Very suitable for film, television and video. Available in 13 colours (0-12) and can be used in combination with the following colours:

*Flat container 10 gm.*

COMPACT PUDER. Ein gepreßtes mattes Puder. Kann als normales Make-up und über Cake Make-up und Crème Make-up benutzt werden, um Glänzen vorzubeugen (z.B. Transpiration und starke Beleuchtung). Eignet sich darum sehr gut für Film, Fernsehen und Video. Mit einer Velourspuderquaste oder Puderbürste auftragen. Die Compaktpuder sind in 13 Farben lieferbar (Nr.0 bis 12) und können in Kombination mit den folgenden Farben benutzt werden:

*Dose mit 10 Gramm.*

GRIMAS POUDRE COMPACTE. C'est une poudre mate comprimée. A utiliser comme maquillage normal, ou sur Cake Make-up afin de l'empêcher de briller (par exemple par la transpiration et les éclairages puissants). Tout à fait approprié pour film, télévision et vidéo. A appliquer avec une houppe velours ou au gros pinceau. Les poudres compactes existent dans une gamme de 13 couleurs (no 1 à 12 inclus), et peuvent s'employer conjointement avec les couleurs suivantes:

*Boîte 10 grammes*

| | | | | |
|---|---|---|---|---|
| 0 | wit | white | weiss | blanc |
| 1 | licht grauw | light dull | hell graulich | clair grisâtre |
| 2 | lichte tint, naar rood | light tone, towards red | heller ton, rötlich | teint clair, direction rouge |
| 3 | lichte tint, naat geel | light tone, towards yellow | heller Ton, gelblich | teint clair, direction jaune |
| 4 | neutraal, naar rood | neutral, towards red | neutral, rötlich | neutre, direction rouge |
| 5 | neutraal, naar geel | neutral, towards yellow | neutral, gelblich | neutre, direction jaune |
| 6 | neutraal, donker | neutral, dark | neutral, dunkel | neutre, foncé |
| 7 | neutraal | neutral | neutral | neutre |
| 8 | lichtbruin | light brown | hellbraun | brun clair |
| 9 | bruin | brown | braun | brun |
| 10 | donkerbruin | dark brown | dunkelbraun | brun foncé |
| 11 | licht beige | light beige | hell beige | beige clair |
| 12 | gebroken wit | broken white | creme | crème |
| 13 | neutraal, licht | neutral, light | neutral, hell | neutre, clair |

CONTENTS:
Talc Methylparaben Magnesium stearate Titanium dioxide Magnesium carbonate Octyl dodecanol Hydrated silica Iron oxides Methyldibromoglutaronitrile (and) Phenoxyethanol Perfume

# GRIMAS® CAKE ROUGE MAT

*Art.031*

Matte rouge in geperste poedervorm, zeer intensief van kleur. Aanbrengen met rougeborstel.
Om het mogelijk te maken gemakkelijk op cake make-up te beschaduwen en te belichten wordt cake rouge ook geleverd in bruin-, grijstinten en wit. Grimeren met rouge geeft een erg mooi natuurlijk effect. Leverbaar in 31 kleuren.

| | | | |
|---|---|---|---|
| 001 | wit | 553 | oranje |
| 101 | zwart | 554 | oranjerood |
| 104 | grijs | 560 | steenrood |
| * 530 | licht rose | 561 | roodbruin |
| 532 | rose | 563 | licht bruin |
| 533 | midden rose | 564 | midden bruin |
| 534 | licht pink | 565 | donkerbruin |
| 540 | rood | 566 | zeer donkerbruin |
| 541 | midden rood | 567 | neutraal rose |
| * 542 | donker rood | 568 | licht roodbruin |
| * 543 | donker rood | * 570 | pink |
| 544 | dieprood | * 571 | lila |
| 545 | bordeaux | * 572 | fel paars |
| 550 | licht oranje | * 573 | hot pink |
| 552 | licht steenrood | * 574 | paars |
| | | 575 | aubergine |

* Niet met water gebruiken.

Mat pressed powder rouge. Very intensive colours. Apply with a rouge brush or use fingers.
Cake rouge is also available in brown, grey and white shades, to make it possible to use on cake make-up when shading and highlighting is required. When using rouge you gain a very natural effect.
Available in 31 colours.

| | | | | | | | |
|---|---|---|---|---|---|---|---|
| 001 | white | 541 | medium red | 553 | orange | 567 | neutral rose |
| 101 | black | * 542 | dark red | 554 | orange red | 568 | light redbrown |
| 104 | grey | * 543 | dark red | 560 | brick red | * 570 | pink |
| * 530 | light rose | 544 | deep red | 561 | red brown | * 571 | lavender |
| 532 | rose | 545 | Bordeaux red | 563 | light brown | * 572 | bright purple |
| 533 | medium rose | 550 | light orange | 564 | medium brown | * 573 | hot pink |
| 534 | light pink | 552 | light brick red | 565 | dark brown | * 574 | purple |
| 540 | red | * | Do not use with water. | 566 | very dark brown | 575 | aubergine |

Mattes Rouge in gepreßter Puderform, sehr farbintensiv. Mit Rougepinsel auftragen. Für bequeme Schattierungen/Aufhellungen auf Cake Make-up wird Cake Rouge auch in den Braun-/Grautönen und in Weiß geliefert. Schattieren/Aufhellen mit Rouge ergibt einen sehr natürlichen Effekt.
Lieferbar in 31 Farben.

| | | | | | | | |
|---|---|---|---|---|---|---|---|
| 001 | weiß | 541 | mittelrot | 553 | orange | 567 | neutral rosa |
| 101 | schwarz | * 542 | dunkelrot | 554 | orangerot | 568 | hell rotbraun |
| 104 | grau | * 543 | dunkelrot | 560 | steinrot | * 570 | pink |
| * 530 | hellrosa | 544 | tiefrot | 561 | rotbraun | * 571 | lila |
| 532 | rosa | 545 | bordeauxrot | 563 | hellbraun | * 572 | kräftig flieder |
| 533 | mittelrosa | 550 | helles orange | 564 | mittelbraun | * 573 | hot pink |
| 534 | helles pink | 552 | helles steinrot | 565 | dunkelbraun | * 574 | flieder |
| 540 | rot | * | Nicht mit Wasser anwenden. | 566 | schwarzbraun | 575 | aubergine |

Rouge à joues, sous forme de poudre comprimé, aux couleurs très intenses. Appliquer au gros pinceau. Pour faciliter l'application des ombres et des effets lumineux sur Cake Make-up, les rouges à joues sont en vente également dans les tons bruns, gris et blanc. Grimer en utilisant les rouges à joues permet d'obtenir un très bel effet naturel. Coloris: 31 couleurs.

| | | | | | | | |
|---|---|---|---|---|---|---|---|
| 001 | blanc | 541 | rouge moyen | 553 | orange | 567 | rose neutre |
| 101 | noir | * 542 | rouge foncé | 554 | orange rougeâtre | 568 | rouge brun clair |
| 104 | gris | * 543 | rouge foncé | 560 | rouge brique | * 570 | rose |
| * 530 | rose clair | 544 | rouge profond | 561 | rouge brun | * 571 | lilas |
| 532 | rose | 545 | bordeaux | 563 | brun clair | * 572 | violet vif |
| 533 | rose moyen | 550 | orange clair | 564 | brun moyen | * 573 | rose chaud |
| 534 | rose clair | 552 | rouge brique clair | 565 | brun foncé | * 574 | violet |
| 540 | rouge | * | Ne pas utiliser avec de l'eau. | 566 | brun très foncé | 575 | aubergine |

CONTENTS: Talc Methylparaben Mica Methyldibromoglutaronitrile (and) Phenoxyethanol Magnesium stearate Tianium dioxide Magnesium carbonate Iron oxides Sodium cetearyl sulfate Cosmetic colours Octyl dodecanol Perfume Hydrated silica

# GRIMAS® CAKE ROUGE MAT

| doosje 2,5 gr. | Flat container 2,5 gm | Döschen 2,5 gr. | boîte 2,5 gr. |
|---|---|---|---|

| | RS palet 6 kleuren | RS palette 6 colours | RS palette 6 farben | RS palette 6 couleurs |
|---|---|---|---|---|
| 001 | wit | white | weiß | blanc |
| 566 | zeer donkerbruin | very dark brown | schwarzbraun | brun très foncé |
| 545 | bordeaux | bordeaux | bordeaux | bordeaux |
| 560 | steenrood | brick red | steinrot | rouge brique |
| 540 | rood | red | rot | rouge |
| 101 | zwart | black | schwarz | noir |

| | RU palet 6 kleuren | RU palette 6 colours | RU palette 6 farben | RU palette 6 couleurs |
|---|---|---|---|---|
| 530 | licht rose | light rose | hell rosa | rose clair |
| 570 | pink | pink | pink | rose |
| 543 | donkerrood | dark red | dunkelrot | rouge foncé |
| 540 | rood | red | rot | rouge |
| 553 | oranje | orange | orange | orange |
| 561 | roodbruin | red brown | rotbraun | rouge brun |

| | RB palet 12 kleuren | RB palette 12 colours | RB palette 12 farben | RB palette 12 couleurs |
|---|---|---|---|---|
| 001 | wit | white | weiß | blanc |
| 104 | grijs | grey | grau | gris |
| 542 | donkerrood | dark red | dunkelrot | rouge foncé |
| 543 | donkerrood | dark red | dunkelrot | rouge foncé |
| 533 | middenrose | medium rose | mittelrosa | rose moyen |
| 553 | oranje | orange | orange | orange |
| 550 | licht oranje | light orange | hell orange | orange clair |
| 563 | lichtbruin | light brown | hell braun | brun clair |
| 560 | steenrood | brick red | steinrot | rouge brique |
| 561 | roodbruin | red brown | rotbraun | rouge brun |
| 564 | middenbruin | medium brown | mittelbraun | brun moyen |
| 565 | donkerbruin | dark brown | dunkelbraun | brun foncé |

| | RF palet 12 kleuren | RF palette 12 colours | RF palette 12 farben | RF palette 12 couleurs |
|---|---|---|---|---|
| 530 | licht rose | light rose | hellrosa | rose clair |
| 532 | rose | rose | rosa | rose |
| 534 | licht pink | light pink | hellpink | rose clair |
| 570 | pink | pink | pink | rose |
| 571 | lila | lavender | lila | lilas |
| 572 | fel paars | bright purple | kräftig flieder | violet vif |
| 573 | hot pink | hot pink | hot pink | rose chaud |
| 574 | paars | purple | flieder | violet |
| 554 | oranjerood | orange red | orangerot | orange rougeâtre |
| 540 | rood | red | rot | rouge |
| 541 | middenrood | medium red | mittelrot | rouge moyen |
| 552 | licht steenrood | light brick red | hell steinrot | rouge brique clair |

# GRIMAS® CAKE OOGSCHADUW MAT

*Art.032*

Matte oogschaduw in geperste poedervorm. Sterk
dekkende kleuren zonder glans. Met marter penseel
of applicator aanbrengen. Leverbaar in 32 kleuren.

| | |
|---|---|
| 001 wit | 483 grasgroen |
| 101 zwart | 484 turquoise |
| 280 highlight zachtgeel | 485 zeegroen |
| 281 fel geel | 486 blauwgroen |
| 282 geel | 487 diepgroen |
| 283 oranje geel | 488 olijfgroen |
| 380 zacht blauw | 580 highlight zachtrose |
| 381 licht blauw | 581 rose |
| 382 midden blauw | 582 fel rood |
| 383 midden blauw | 583 oranje |
| 384 blauw | 584 rood |
| 385 blauwpaars | 680 paars |
| 386 donkerblauw | 880 bruin |
| 480 zachtgroen | 881 roodbruin |
| 481 licht groen | 882 geelbruin |
| 482 mosgroen | 883 bruingrijs |

Mat eyeshadow in pressed powder form. Colours coat well without shine. Apply with sable brush or
applicator. To mix and spread the colours more easily use a moistened brush. Available in 32 colours.

| | | | |
|---|---|---|---|
| 001 white | 382 medium blue | 483 grass green | 582 bright red |
| 101 black | 383 medium blue | 484 turquoise | 583 orange |
| 280 highlight softyellow | 384 blue | 485 sea green | 584 red |
| 281 bright yellow | 385 blue purple | 486 blue green | 680 purple |
| 282 yellow | 386 dark blue | 487 dark green | 880 brown |
| 283 orange yellow | 480 soft green | 488 olive green | 881 red brown |
| 380 soft blue | 481 light green | 580 highlight soft rose | 882 yellow brown |
| 381 light blue | 482 moss green | 581 rose | 883 brown grey |

Matter Lidschatten in gepreßter Puderform. Stark deckende Farben ohne Glanz. Mit Marderpinsel oder
Applikator auftragen. Um die Farben gut ineinanderfliessen zu lassen, kann man mit einem feuchten Pinsel
arbeiten. Lieferbar in 32 Farben.

| | | | |
|---|---|---|---|
| 001 weiß | 382 mittelblau | 483 grasgrün | 582 knallrot |
| 101 schwarz | 383 mittelblau | 484 türkis | 583 orange |
| 280 aufheller zartgelb | 384 blau | 485 seegrün | 584 rot |
| 281 knallgelb | 385 blau flieder | 486 blaugrün | 680 flieder |
| 282 gelb | 386 dunkelblau | 487 dunkelgrün | 880 braun |
| 283 orange gelb | 480 zartrün | 488 olivegrün | 881 rotbraun |
| 380 bleu | 481 hellgrün | 580 aufheller zartrosa | 882 gelbbraun |
| 381 hellblau | 482 mossgrün | 581 rosa | 883 braungrau |

Ombre à paupières mate sous forme de poudre comprimée. Des couleurs qui couvrent, sans brillant. A
appliquer au pinceau de martre ou à l'applicateur. Coloris: 32 couleurs.

| | | | |
|---|---|---|---|
| 001 blanc | 382 bleu moyen | 483 vert gazon | 582 pourpre |
| 101 noir | 383 bleu moyen | 484 turquoise | 583 orange |
| 280 jaune tendre à reflets | 384 bleu | 485 vert de mer | 584 rouge |
| 281 jaune vif | 385 bleu violet | 486 bleu vert | 680 violet |
| 282 jaune | 386 bleu foncé | 487 vert profond | 880 brun |
| 283 orange jaunâtre | 480 vert tendre | 488 vert olive | 881 brun roux |
| 380 bleu tendre | 481 vert clair | 580 rose tendre à reflets | 882 mordoré |
| 381 bleu clair | 482 vert mousse | 581 rose | 883 brun grisâtre |

*CONTENTS: Talc Methylparaben Mica Methyldibromoglutaronitrile (and) Phenoxyethanol Magnesium stearate Tianium dioxide
Magnesium carbonate Iron oxides Sodium cetearyl sulfate Cosmetic colours Octyl dodecanol Perfume Hydrated silica*

| | doosje 2,5 gr. | Flat container 2,5 gm | Döschen 2,5 gr. | boîte 2,5 gr. |
|---|---|---|---|---|
| | *O palet* *6 kleuren* | *O palette* *6 colours* | *O palette* *6 farben* | *O palette* *6 couleurs* |
| 282 | geel | yellow | weiß | blanc |
| 384 | blauw | blue | blau | bleu |
| 483 | grasgroen | grass green | grasgrün | vert gazon |
| 582 | felrood | bright red | knallrot | pourpre |
| 680 | paars | purple | flieder | violet |
| 882 | geelbruin | yellow brown | gelbbraun | mordoré |

| | | | | |
|---|---|---|---|---|
| | *OF palet* *12 kleuren* | *OF palette* *12 colours* | *OF palette* *12 farben* | *OF palette* *12 couleurs* |
| 281 | felgeel | bright yellow | knallgelb | jaune vif |
| 381 | lichtblauw | light blue | hellblau | bleu clair |
| 384 | blauw | blue | blau | bleu |
| 482 | mosgroen | moss green | moosgrün | vert mousse |
| 483 | grasgroen | grass green | grasgrün | vert gazon |
| 486 | blauwgroen | blue green | blaugrün | bleu vert |
| 582 | felrood | bright red | knallrot | pourpre |
| 583 | oranje | orange | orange | orange |
| 584 | rood | red | rot | rouge |
| 680 | paars | purple | flieder | violet |
| 881 | roodbruin | red brown | rotbraun | brun roux |
| 882 | geelbruin | yellow brown | gelbbraun | mordoré |

| | | | | |
|---|---|---|---|---|
| | *OP palet* *12 kleuren* | *OP palette* *12 colours* | *OP palette* *12 farben* | *OP palette* *12 couleurs* |
| 280 | highlight zachtgeel | highlight soft yellow | aufheller zartgelb | jaune tendre à reflets |
| 580 | highlight zachtrose | highlight soft rose | aufheller zartrosa | rose tendre à reflets |
| 282 | geel | yellow | gelb | jaune |
| 380 | zachtblauw | lightblue | hellblau | bleu tendre |
| 382 | middenblauw | medium blue | mittelblau | bleu moyen |
| 383 | middenblauw | medium blue | mittelblau | bleu moyen |
| 480 | zachtgroen | soft green | zartgrün | vert tendre |
| 481 | lichtgroen | light green | hellgrün | vert clair |
| 484 | turquoise | turquoise | türkis | turquoise |
| 485 | zeegroen | sea green | seegrün | vert de mer |
| 581 | rose | rose | rosa | rose |
| 880 | bruin | brown | braun | brun |

| | | | | |
|---|---|---|---|---|
| | *UX palet* *12 kleuren* | *UX palette* *12 colours* | *UX Palette* *12 Farben* | *UX palette* *12 couleurs* |
| 001 | wit | white | weiß | blanc |
| 101 | zwart | black | schwarz | noir |
| 385 | blauwpaars | blue purple | blau flieder | bleu violet |
| 386 | donkerblauw | dark blue | dunkelblau | bleu foncé |
| 487 | diepgroen | dark green | dunkelgrün | vert profond |
| 488 | olijfgroen | olive green | olivegrün | vertolive |
| 564 | middelbruin | medium brown | mittelbraun | brun moyen |
| 565 | donkerbruin | dark brown | dunkelbraun | brun foncé |
| 566 | zeer donkerbruin | very dark brown | sehr dunkelbraun | brun très foncé |
| 575 | aubergine | aubergine | aubergine | aubergine |
| 882 | geelbruin | yellow brown | gelbbraun | mordoré |
| 883 | bruingrijs | brown grey | braungrau | brun grisâtre |

# GRIMAS® PEARL OOGSCHADUW

*Art.033*

Een sterk glanzende oogschaduw in geperste poedervorm. Aanbrengen met penseel of applicator. Voor een dekkend effekt kan de pearl oogschaduw ook met een vochtig penseel aangebracht worden.
Leverbaar in 24 kleuren

| | | | |
|---|---|---|---|
| 704 zilver-wit | 731 blauw | 744 turquoise | 755 licht steenrood |
| 705 goud | 732 lichtblauw | 745 lichtgroen | 756 highlight zachtrose |
| 706 koper | 733 donkerblauw | 751 rood | 761 paars |
| 712 lichtgrijs | 734 middenblauw | 752 felrood | 762 lila |
| 713 donkergrijs | 741 grasgroen | 753 pink | 781 bruingrijs |
| 723 highlight zachtgeel | 743 zeegroen | 754 oranje | 782 bruin |

A high-gloss eyeshadow in pressed powder form. Apply with a sable brush or applicator. To achieve a more opaque coating, pearl eyeshadow can also be applied with a moistened brush. Available in 24 colours.

| | | | |
|---|---|---|---|
| 704 silver-white | 731 blue | 744 turquoise | 755 light brick red |
| 705 gold | 732 light blue | 745 light green | 756 highlight soft rose |
| 706 copper | 733 dark blue | 751 red | 761 purple |
| 712 light grey | 734 medium blue | 752 bright red | 762 lilac |
| 713 dark grey | 741 grass green | 753 pink | 781 brown grey |
| 723 highlightsoft yellow | 743 sea green | 754 orange | 782 brown |

Ein stark glänzender Lidschatten in gepreßter Puderform. Mit Marderpinsel oder Applikator auftragen. Für einen deckenden Effekt kann man den Pearl Lidschatten auch mit einem feuchten Pinsel auftragen.
Lieferbar in 24 Farben.

| | | | |
|---|---|---|---|
| 704 silberweiß | 731 blau | 744 türkis | 755 helles steinrot |
| 705 gold | 732 hellblau | 745 hellgrün | 756 aufheller zartrosa |
| 706 kupfer | 733 dunkelblau | 751 rot | 761 flieder |
| 712 hellgrau | 734 mittelblau | 752 hellrot | 762 lila |
| 713 dunkelgrau | 741 grasgrün | 753 pink | 781 braungrau |
| 723 aufheller zartgelb | 743 seegrün | 754 orange | 782 braun |

Une ombre à paupières très brillante, sous forme de poudre comprimée. Appliquer au pinceau ou à l'applicateur Afin de mieux couvrir, appliquer l'ombre à paupières nacrée au pinceau humide.
Coloris: 24 couleurs.

| | | | |
|---|---|---|---|
| 704 blanc argenté | 731 bleu | 744 turquoise | 755 rouge brique clair |
| 705 or | 732 bleu clair | 745 vert clair | 756 rose tendre à reflets |
| 706 cuivre | 733 bleu foncé | 751 rouge | 761 violet |
| 712 gris clair | 734 bleu moyen | 752 pourpre | 762 lilas |
| 713 gris foncé | 741 vert gazon | 753 rose | 781 brun grisâtre |
| 723 jaune tendre à reflets | 743 vert de mer | 754 orange | 782 brun |

CONTENTS: Talc  Methyldibromoglutaronitrile (and) Phenoxyethanol  Potatoe starch  Methylparaben  Octyl stearate  Titanium dioxide coated mica  Octyl dodecanol  Iron oxides  Zinc stearate  Cosmetic colours  Sodium cetearyl sulfate  Perfume.

# GRIMAS® PEARL OOGSCHADUW

| doosje 2,5 gr. | Flat container 2,5 gm | Döschen 2,5 gr. | boîte 2,5 gr. |
|---|---|---|---|

| | *P4 palet*<br>*6 kleuren* | *P4 palette*<br>*6 colours* | *P4 palette*<br>*6 farben* | *P4 palette*<br>*6 couleurs* |
|---|---|---|---|---|
| 704 | zilver wit | silver white | silberweiß | blanc argenté |
| 705 | goud | gold | gold | or |
| 753 | pink | pink | pink | rose |
| 731 | blauw | blue | blau | bleu |
| 743 | zeegroen | sea green | seegrün | vert de mer |
| 762 | lila | lilac | lila | lilas |

| | *P1 palet*<br>*12 kleuren* | *P1 palette*<br>*12 colours* | *P1 palette*<br>*12 farben* | *P1 palette*<br>*12 couleurs* |
|---|---|---|---|---|
| 704 | zilver wit | silver white | silberweiß | blanc argenté |
| 705 | goud | gold | gold | or |
| 706 | koper | copper | kupfer | cuivre |
| 755 | licht steenrood | light brick red | hell steinrot | rouge brique clair |
| 762 | lila | lilac | lila | lilas |
| 761 | paars | purple | flieder | violet |
| 756 | highlight zachtrose | highlight soft rose | aufheller zartrosa | rose tendre á reflets |
| 723 | highlight zachtgeel | highlight soft yellow | aufheller zartgelb | jaune tendre á reflets |
| 781 | bruingrijs | brown grey | braungrau | brun grisâtre |
| 782 | bruin | brown | braun | brun |
| 712 | lichtgrijs | light grey | hellgrau | gris clair |
| 713 | donkergrijs | dark grey | dunkelgrau | gris foncé |

| | *P2 palet*<br>*12 kleuren* | *P2 palette*<br>*12 colours* | *P2 palette*<br>*12 farben* | *P2 palette*<br>*12 couleurs* |
|---|---|---|---|---|
| 731 | blauw | blue | blau | bleu |
| 733 | donkerblauw | dark blue | dunkelblau | bleu foncé |
| 734 | middenblauw | medium blue | mittelblau | bleu moyen |
| 732 | lichtblauw | light blue | hellblau | bleu clair |
| 752 | felrood | bright red | hellrot | pourpre |
| 751 | rood | red | rot | rouge |
| 744 | turquoise | turquoise | türkis | turqoise |
| 745 | lichtgroen | light green | hellgrün | vert clair |
| 741 | grasgroen | grass green | grasgrün | vert gazon |
| 743 | zeegroen | sea green | seegrün | vert de mer |
| 754 | oranje | orange | orange | orange |
| 753 | pink | pink | pink | rose |

| | *P3 palet*<br>*12 kleuren* | *P3 palette*<br>*12 farben* | *P3 palette*<br>*12 colours* | *P3 palette*<br>*12 couleurs* |
|---|---|---|---|---|
| 704 | zilver wit | silver white | silberweiß | blanc argenté |
| 705 | goud | gold | gold | or |
| 754 | oranje | orange | orange | orange |
| 706 | koper | copper | kupfer | cuivre |
| 753 | pink | pink | pink | rose |
| 762 | lila | lilac | lila | lilas |
| 731 | blauw | blue | blau | bleu |
| 745 | lichtgroen | light green | hellgrün | vert clair |
| 743 | zeegroen | sea green | seegrün | vert de mer |
| 782 | bruin | brown | braun | brun |
| 781 | bruingrijs | brown grey | braungrau | brun grisâtre |
| 713 | donkergrijs | dark grey | dunkelgrau | gris foncé |

### U palet / U palette / U palette / U palette

| | *U palet*<br>*12 kleuren*<br>*6 x oogschaduw*<br>*6 x rouge* | *U palette*<br>*12 colours*<br>*6 x eyeshadow*<br>*6 x rouge* | *U palette*<br>*12 farben*<br>*6 x eyeshadow*<br>*6 x rouge* | *U palette*<br>*12 couleurs*<br>*6x ombre à paupières*<br>*mat, 6x joues cake mat.* |
|---|---|---|---|---|
| 280 | highlight zachtgeel | highlight soft yellow | aufheller zartgelb | jaune tendre á reflets |
| 282 | geel | yellow | gelb | jaune |
| 382 | middenblauw | medium blue | mittelblau | bleu moyen |
| 485 | zeegroen | sea green | seegrün | vert de mer |
| 581 | rose | rose | rosa | rose |
| 680 | paars | purple | flieder | violet |
| 533 | middenrose | medium rose | mittelrosa | rose moyen |
| 543 | donkerrood | dark red | dunkelrot | rouge foncé |
| 550 | licht oranje | light orange | hell orange | orange clair |
| 560 | steenrood | brick red | steinrot | rouge brique |
| 564 | middenbruin | medium brown | mittelbraun | brun moyen |
| 101 | zwart | black | schwarz | noir |

### OK.palet / OK palette

| | *OK.palet*<br>*24 kleuren*<br>*,12 kleuren*<br>*oogschaduw mat*<br>*12 kleuren*<br>*oogschaduw pearl* | *OK palette*<br>*24 colours*<br>*12 x eyeshadow mat*<br>*12 x eyeshadow pearl* | *OK palette*<br>*24 farben*<br>*12 x eyeshadow matt*<br>*12 x eyeshadow pearl* | *OK palette*<br>*24 couleurs*<br>*12x ombre à*<br>*paupières mat*<br>*12x ombre à*<br>*paupières nacrée* |
|---|---|---|---|---|
| 001 | wit | white | weiß | blanc |
| 282 | geel | yellow | gelb | jaune |
| 581 | rose | rose | rosa | rose |
| 384 | blauw | blue | blau | bleu |
| 485 | zeegroen | sea green | seegrün | vert de mer |
| 482 | mosgroen | moss green | moosgrün | vert mousse |
| 583 | oranje | orange | orange | orange |
| 584 | rood | red | rot | rouge |
| 680 | paars | purple | flieder | violet |
| 882 | geelbruin | yellow brown | gelbbraun | mordoré |
| 104 | grijs | grey | grau | gris |
| 101 | zwart | black | schwarz | noir |
| 704 | zilver wit | silver white | silberweiß | blanc argenté |
| 756 | highlight zachtrose | highlight soft rose | aufheller zartrosa | rose tendre á reflets |
| 754 | oranje | orange | orange | orange |
| 705 | goud | gold | gold | or |
| 706 | koper | copper | kupfer | cuivre |
| 782 | bruin | brown | braun | brun |
| 753 | pink | pink | pink | rose |
| 743 | zeegroen | sea green | seegrün | vert de mer |
| 731 | blauw | blue | blau | bleu |
| 762 | lila | lilac | lila | lilas |
| 761 | paars | purple | flieder | violet |
| 713 | donkergrijs | dark grey | dunkelgrau | gris foncé |

### ROK palet / ROK palette

| | *ROK palet*<br>*24 kleuren*<br>*12 kleuren rouge*<br>*12 kleuren*<br>*oogschaduw mat* | *ROK palette*<br>*24 colours*<br>*12 x rouge*<br>*12 x eyeshadow mat* | *ROK palette*<br>*24 farben*<br>*12 x rouge*<br>*12 x eyeshadow matt* | *ROK palette*<br>*24 couleurs*<br>*12x joues cake,*<br>*12x ombre à*<br>*paupières mat.* |
|---|---|---|---|---|
| 530 | lichtrose | light rose | hell rosa | rose clair |
| 533 | middenrose | medium rose | mittelrosa | rose moyen |
| 570 | pink | pink | pink | rose |
| 573 | hot pink | hot pink | hot pink | rose chaud |
| 553 | oranje | orange | orange | orange |
| 560 | steenrood | brick red | steinrot | rouge brique |
| 554 | oranjerood | orange red | orangerot | orange rougeâtre |
| 544 | dieprood | deep red | tiefrot | rouge profond |
| 545 | bordeaux | bordeaux | bordeaux | bordeaux |
| 564 | middenbruin | medium brown | mittelbraun | brun moyen |
| 565 | donkerbruin | dark brown | dunkelbraun | brun foncé |
| 101 | zwart | black white | schwarz | noir |
| 001 | wit | white | weiß | blanc |
| 580 | highlight zachtrose | highlight soft rose | aufheller zartrosa | rose tendre á reflets |
| 282 | geel | yellow | gelb | jaune |
| 581 | rose | rose | rosa | rose |
| 380 | zachtblauw | soft blue | hellblau | bleu tendre |
| 680 | paars | purple | flieder | violet |
| 384 | blauw | blue | blau | bleu |
| 486 | blauwgroen | blue green | blau grün | bleu vert |
| 483 | grasgroen | grass green | grasgrün | vert gazon |
| 482 | mosgroen | moss green | moosgrün | vert mousse |
| 882 | geelbruin | yellow brown | gelbbraun | mordoré |
| 104 | grijs | grey | grau | gris |

# GRIMAS® TIP CRÈME

*Art.182*

GLITTER. Helder glanzende polyester glitter in een snel drogende en gemakkelijk afwasbare crème. Aanbrengen met de vingers of penseel. Leverbaar in:

TIP CREME. Clear, shiny, polyster glitter in a quick drying cream that is easy to wash of. Apply either with the fingers or a brush Available in:

TIP CREME. Klarglänzender Polyesterglitzer in einer schnelltrocknenden und abwaschbaren Crème. Mit Fingern oder Pinsel auftragen. Lieferbar in:

TIPCRÈME. Scintillant (Glitter). Paillettes de polyester transparentes et scintillantes, incorporées à une crème au séchage rapide, facilement lavable Appliquer avec les doigts ou au pinceau. Coloris:

| GLITTER | GLITTER | GLITTER | SCINTILLANT (Glitter). |
|---|---|---|---|
| 071 - zilver | 071 - silver | 071 - silber | 071 - argent |
| 072 - goud | 072 - gold | 072 - gold | 072 - or |
| 031 - blauw | 031 - blue | 031 - blau | 031 - bleu |
| 032 - blauw (pastel) | 032 - blue (pastel) | 032 - blau (pastell) | 032 - bleu (pastel) |
| 041 - groen | 041 - green | 041 - grün | 041 - vert |
| 042 - groen (pastel) | 042 - green (pastel) | 042 - grün (pastell) | 042 - vert (pastel) |
| 051 - rood | 051 - red | 051 - rot | 051 - rouge |
| 052 - rose | 052 - rose | 052 - rosa | 052 - rose |
| 081 - bont | 081 - multicolour | 081 - bunt | 081 - multicolore |

| PARELMOER | PEARL COLOURS | PERLMUTT | NACRÉ |
|---|---|---|---|
| 03 - blauw | 03 - blue | 03 - blau | 03 - bleu |
| 04 - groen | 04 - green | 04 - grün | 04 - vert |
| 05 - rood | 05 - red | 05 - rot | 05 - rouge |
| 06 - paars | 06 - purple | 06 - flieder | 06 - violet |

| FLUOR | FLUORESCENT | FLUORISIEREND | FLUORESCENT |
|---|---|---|---|
| 220 - geel | 220 - yellow | 220 - gelb | 220 - jaune |
| 320 - blauw | 320 - blue | 320 - blau | 320 - bleu |
| 420 - groen | 420 - green | 420 - grün | 420 - vert |
| 520 - rood | 520 - red | 520 - rot | 520 - rouge |
| 521 - pink | 521 - pink | 521 - pink | 521 - rose |
| 620 - paars | 620 - purple | 620 - flieder | 620 - violet |

*tube 10 ml* | *tube 10 ml* | *Tube 10 ml.* | *tube 10 ml.*

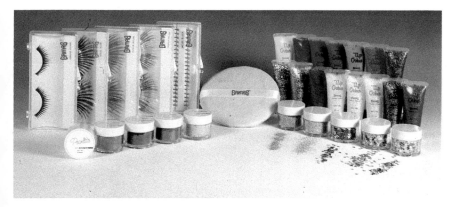

CONTENTS:
Water Methyldibromoglutaronitrile (and) phenoxyethanol
Carbomer 940 Perfume PVP-VA Copolymer Polyester
Triethanolamine Tetrasodium EDTA

# GRIMAS® GLITTER

Art.180

Aluminium Glitter. Niet zelfklevend. Niet in de buurt van de ogen gebruiken. Leverbaar in goud en zilver. Op de huid plakken met wateroplosbare mastix, afschmink of stoppelpasta.

*Doosje. Inhoud 10 gram.*

GLITZER. Aluminium Glitzer. Nicht selbstklebend. Nicht in Augennähe verwenden ! Lieferbar in gold und silber. Mit wasserlöslichem Mastix, Abschminke oder Stoppelpaste auf die Haut kleben.

*Döschen mit 10 Gramm.*

GLITTER. Aluminium glitter. Not self adhesive. Not suitable to use near the eyes. Available in gold and silver. Can be applied with watersoluble spirit gum, make-up remover or stubble paste.

*Container 10 gm*

GRIMAS SCINTILLANT. Scintillant en aluminium. N'est pas autoadhésif.A utiliser loin des yeux. Coloris or et argent. Collez sur la peau à l'aide de mastic soluble ou de la pâte à la barbe.

*Boîte 10 grammes.*

# GRIMAS® STERRETJES

Art.181

Glanzende sterretjes ± 5 mm groot. Op de huid plakken met wateroplosbare mastix, wimperlijm of stoppelpasta. Leverbaar in goud, zilver en bont.

*Doosje. Inhoud 2,5 gram (± 2500 st.)*

STERNCHEN. Glänzende Sternchen, etwa 5 mm groß. Mit wasserlöslichem Mastix, Wimpernleim oder Stoppelpaste auf die Haut kleben. Lieferbar in gold, silber und bunt.

*Döschen mit 3 Gramm (etwa 2500 St.)*

STARS. Shiny stars ± 5 mm. Attach to the skin with watersoluble spirit gum, eyelash adhesive or stubble paste. Available in gold, silver and multi-coloured.

*Container 2,5 gm (± 2500 stars).*

GRIMAS ETOILES. Petites étoiles brillantes de 5 mm. A coller sur la peau au mastic soluble à la colle pour faux-cils ou à la pâte à la barbe. Coloris: argent, or et multicolore.

*Etui 2,5 grammes ( 2500 pièces).*

# GRIMAS® MASCARA

Art.038

Mascara. Leverbaar in : zwart - bruin - blauw . *Waterproof 8 ml.*

Mascara. Lieferbar in: schwarz - braun - blau . *Waterproof 8 ml.*

Mascara. Available in: black - brown - blue . *Waterproof 8 ml.*

Mascara. Coloris: noir - brun - bleu . *Imperméable 8 ml.*

CONTENTS:
Isoparaffin Aluminium stearate Ozokerite Ceresin Wax Talc Iron oxides Cosmetic colours Propylparaben

# GRIMAS® WIMPERS
*Art.185*

1. Dunne wimper voor normaal gebruik.
2. Volle theaterwimper
3. Theaterwimper normaal.
4. Dunne onderwimper voor normaal gebruik.
5. Wimper voor normaal gebruik.
6. Balletwimper
7. Zware wimper voor normaal gebruik.
8. Toneelwimper (puntig)
9. Onderwimper (vol).
10. Theaterwimper (puntig)
11. Losse stukjes wimpers (60) kort.
12. Losse stukjes wimpers. (60) medium.

1. Dünne Wimpern für den normalen Gebrauch.
2. Volle Theaterwimpern.
3. Theaterwimpern normal.
4. Dünne Unterwimpern für normalen Gebrauch.
5. Normalen Wimpern
6. Balletwimpern
7. Volle Wimpern für normalen Gebrauch
8. Bühnewimpern, spitzig
9. Unterwimpern, voll.
10. Theaterwimpern, spitzig
11. Lose Wimpernstücke (60), kurz.
12. Lose Wimpernstücke (60), mittel.

1. Thin eyelash for normal use.
2. Full lash for stage use.
3. Normal theatre lash
4. Thin lower eyelash for normal use
5. Lash for normal use (pointed).
6. Ballet lash
7. Full lash for normal use.
8. Stage lash (pointed)
9. Lower eyelash (full)
10. Theatre lash (pointed)
11. Seperate pieces of eyelash (60), short
12. Seperate pieces of eyelash (60) medium

1. Cil fin pour utilisation habituelle.
2. Cil plein, de théâtre
3. Cil de théâtre, habituel
4. Cil inférieur fin, utilisation habituelle
5. Cil pour utilisation habituelle (pointu)
6. Cil de ballet.
7. Cil bien fourni, utilisation habituelle
8. Cil de théâtre (pointu)
9. Cil inférieur (plein)
10. Cil de théâtre (pointu)
11. Cils séparés (60), courts.
12. Cils séparés (60), moyens.

| 21. | zeer groot | zwart | 21. | very big | black |
| 22. | zeer groot | geel | 22. | very big | yellow |
| 23. | zeer groot | blauw | 23. | very big | blue |
| 24. | zeer groot | groen | 24. | very big | green |
| 25. | zeer groot | rood | 25. | very big | red |
| 26. | zeer groot | zwart/zilver | 26. | very big | black/silver |
| 27. | zeer groot | zwart/goud | 27. | very big | black/gold |
| 29. | zeer groot | rainbow | 29. | very big | rainbow |
| 71. | middelgroot | zilver | 71. | medium | silver |
| 72. | middelgroot | goud | 72. | medium | gold |

| 21. | sehr groß | schwarz | 21. | très grand | noir |
| 22. | sehr groß | gelb | 22. | très grand | jaune |
| 23. | sehr groß | blau | 23. | très grand | bleu |
| 24. | sehr groß | grün | 24. | très grand | vert |
| 25. | sehr groß | rot | 25. | très grand | rouge |
| 26. | sehr groß | schwarz/silber | 26. | très grand | noir/argent |
| 27. | sehr groß | schwarz/gold | 27. | très grand | noir/or |
| 29. | sehr groß | regenbogen | 29. | très grand | arc-en-ciel |
| 71. | mittelgroß | silber | 71. | moyen | argent |
| 72. | mittelgroß | gold | 72. | moyen | or |

# GRIMAS® WIMPERLIJM
*Art.186*

| WIMPERLIJM | tube 10 ml. | EYELASH ADHESIVE | tube 10 ml. |
| WIMPERNKLEBER | tube 10 ml. | COLLE POUR CILS | tube 10 ml. |

CONTENTS:
Latex Water Aluminium silicate Xanthan gum Phenoxyethanol Methylparaben Propylparaben 2-Bromo-2 nitropropane-1,3 diol

# GRIMAS®

## AFSCHMINK
## MAKE-UP REMOVER
### Art.090-091

Voor het verwijderen van o.a. crème make-up, cake make-up, soft putty, eyebrow-plastic, derma wax en cover cream. AFSCHMINK. Niet vloeibare vorm. Wordt met de vingers aangebracht, ingemasseerd en met tissue verwijderd.
MAKE-UP REMOVEROLIE.
*Afschmink. kleine doos van 25 ml. en 70 ml. grote doos van 300 ml. Emmer van 2900 ml.*
*Make-up remover. Fles van 200 ml.* Art.091

Used to remove crème make-up, cake make-up, soft putty, eyebrow plastic, derma wax and cover cream. MAKE-UP REMOVER. Solid form. Applied with the fingers, rubbed onto the face and removed with a tissue. MAKE-UP REMOVER OIL.
*Make-up remover. small container 25 ml and 70 ml. large container 300 ml. bucket 2900 ml.*
*Make-up remover oil. bottle 200 ml.* Art.091

MAKE-UP ENTFERNER. Zur Entfernung von Crème Make-up, Cake Make-up, Soft Putty, Eyebrow-Plastic, Derma Wax und Cover Cream.
ABSCHMINKE in fester Form. Wird mit den Fingern aufgetragen, leicht einmassiert und mit Zelltuch entfernt. MAKE-UP REMOVER.
*Abschminke. kleine Dose 25 ml. und 70 ml. grosse Dose 300 ml. Eimer 2900 ml.*
*Make-up Remover. Flasche 200 ml.* Art.091

GRIMAS DEMAQUILLANT. Pour le démaquillage entre autres Crème Make-up, Cake Make-up, Soft Putty, Eyebrowplastic, Cire Dermique et Cover Cream. DÉMAQUILLANT. Non fluide. Appliquer avec les doigts, masser légèrement et enlever avec des kleenex. HUILE DÉMAQUILLANTE.
*Démaquillant. petite boîte de 25 ml. et 70 ml. grande boîte de 300 ml. seau de 2900 ml.*
*Huile démaquillante. flacon de 200 ml.* Art.091

*CONTENTS:*
*AFSCHMINK: Mineral oil Paraffin Petrolatum Cetyl alcohol Tocopherol(and)BHT Perfume*
*REMOVEROLIE: Mineral oil.*

# GRIMAS®

## CLEANSING CREAM
### Art.093

Zachte crème voor het verwijderen van alle soorten make-up. Bijzonder geschikt voor Water Make-up.

*Pot 200 ml.*

Soft cream for removing all kinds of make-up especially suitable for water make-up.

*container 200 ml.*

REINIGUNGS CREME. Sanfte Crème zum Entfernen aller Arten von Make-up, besonders auch für Water Make-up.

*Flasche 200 ml.*

GRIMAS CREME NETTOYANTE. Une crème douce qui enlève toutes les sortes de maquillage. Convient parfaitement au fard à l'eau.

*boîte 200 ml.*

*CONTENTS:*
*Water Mineral oil Petrolatum Peg-2-stearate Sodium cetearyl sulphate Perfume Methylparaben Propylparaben 2-Bromo-2 Nitropropane-1,3 diol*

# GRIMAS® CLEANSING MILK
Art.094

REINIGINGSMELK     *Fles 200 ml.*     CLEANSING MILK     *Bottle 200 ml.*

REINIGUNGSMILCH     *Flasche 200 ml.*     LAIT NETTOYANTE     *Flacon 200 ml.*

CONTENTS: Water Mineral oil Carbomer 940 Cetearyl alcohol (and) peg-40 castor oil (and) sodium cetearyl sulfate Glycerin Amphoteric 2 Potassium carbonate Cetyl alcohol Dimethicone Perfume Methylparaben 2-Bromo-2 Nitropropane-1,3 diol

# GRIMAS® CLEANSING LOTION
Art.095

Maakt de huid extra schoon en vetvrij.
*Fles 200 ml.*

Makes the skin extra clean and free of grease.
*Bottle 200 ml.*

REINIGUNGSLOTION. Gesichtswasser. Erfrischt und klärt die Haut und macht Sie fetttrei
*Flasche 200 ml.*

GRIMAS LOTION NETTOYANTE. Nettoie en profondeur,élimine tout corps gras.
*Flacon 200 ml.*

CONTENTS: Water Glycerin Amphoteric 2 Peg-40-hydrogenated castor oil Peg-7-glyceryl cocoate Methylparaben Tetrasodium edta Perfume Menthol.

# GRIMAS® SKIN CARE CREAM
Art.092

Verzorgingscrème voor na het verwijderen van Make-up.
*Pot 75 ml.*

For after removing make-up.
*Container 75 ml.*

PFLEGE CREME. Creme zur Pflege der Haut nach dem Entfernen des Make-up.
*Dose 75 ml.*

GRIMAS CREME DE SOIN. Soigne et nourrit la peau après le démaquillage.
*Pot 75 ml.*

CONTENTS: Water Sheabutter Glycerin Cetearyl alcohol (and) Sodium cetearyl sulphate Glyceryl stearate (and) cetyl palmitate (and) cocoglycerides Decyl oleate Octyl stearate Mineral oil Peg-20-Glyceryl stearate Cetyl alcohol Perfume Methylparaben Propylparaben 2-Bromo-2 Nitropropane-1,3 diol Tocopherol (and)BHT.

# GRIMAS® UNDER MAKE-UP BASE
Art.096

Verzorgende crème. Wordt goed opgenomen. Te gebruiken voordat make-up wordt aangebracht.
*Pot 75 ml.*

Caring cream. Is good assimilated. To be used before make-up is applied.
*Container 75 ml.*

UNTER MAKE-UP BASIS. Pflegende Feuchtigkeits crème. Zieht vollständig ein.Wird vor der Applikation von Make-up aufgetragen.    *Dose 75 ml.*

GRIMAS BASE SOUS MAQUILLAGE. Crème protectrice. S'absorbe facilement. A appliquer avant le maquillage.    *Pot 75 ml.*

CONTENTS: Water Glyceryl stearate Stearic acid 2-Ethyl-hexyl-2-ethyl hexanoate Glycerin Peg-20-Glyceryl stearate Dialkyldimethylpolysiloxane Methylparaben Propylparaben 2-Bromo-2-nitropropane-1,3 diol.

# GRIMAS® DERMA WAX

*Art.154*

Grimas Derma Wax is een makkelijk kneedbare, goed aan de huid hechtende transparante was.
Werkwijze: Een kleine hoeveelheid uit de doos schrapen en goed kneden.
Glad maken met behulp van kleine hoeveelheid Cleansing Cream of Make-up Remover.
Goed poederen. Met sponsje deppend poederresten verwijderen.
Hecht ook op zachte delen van de huid en blijft elastisch. Hoeft niet bijgekleurd te worden.
Verwijderen met make-up remover, cleansing cream of afschmink.

Grimas Derma Wax is easy to knead transparent, and adheres well to the skin. How to use:
Take out a small amount from the container and knead well. Smooth with a small amount of Cleansing Cream or Make-up Remover. Powder well. Remove excess powder, dabbing with a sponge.
Adheres also on soft parts of the skin and keeps its flexibility. Does not have to be coloured.
Remove with make-up remover or cleansing cream.

*Doos 50 ml.*

*Container 50 ml.*

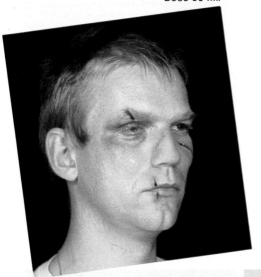

CONTENTS:
Polyethylene Wax Microcrystalline Wax Acrylates Copolymer Glyceryl Abiëtate Castor oil Titanium dioxide Iron oxides Propylparaben Tocopherol (and) BHT.

Ein sehr mühelos knetbarer, gut auf der Haut haftender transparenter Wachs.
Gebrauchsanleitung:
Entnehmen Sie der Dose eine kleine Menge und kneten Sie diese gut.
Mit ganz wenig Cleansing Cream oder Make-up Remover ganz weiche Übergänge ausstreichen. Gut pudern. Überschüssiges Puder mit einem Schwämmchen abtupfen. Hält auch auf weichen Teilen der Haut und bleibt flexibel. Braucht nicht gefärbt zu werden.
Entfernen mit abschminke oder Cleansing Cream.

GRIMAS CIRE DERMIQUE. La Derma Wax de Grimas est aisément malléable transparente, elle colle bien sur la peau. Mode d'emploi:
Grattez une petite quantité de cire, pétrissez-la bien. Lisser, en utilisant un peu de crème démaquillante ou un autre démaquillant. Bien poudrer. Eliminer les restes de poudre en tamponnant avec une éponge. Se fixe aussi sur les parties sensibles de la peau, garde son élasticité. Ne requiert aucune couleur.
S'enlève au démaquillant (crème, lait, huile etc).

*Dose 50 ml.*

*Boîte de 50 ml*

# GRIMAS® SOFT PUTTY
*Art.153*

Grimas Soft Putty is een kneedbaar materiaal, waarmee allerlei vervormingen op de huid worden gemaakt. Om soft putty goed op de huid te laten hechten moet de huid van te voren worden ingesmeerd met mastix, waarop kleine stukjes kortgeknipte wolcrèpe worden geplakt. Het is niet aan te raden om de soft putty op te beweeglijke delen huid te plakken. Het laat dan snel los.
Gebruiksaanwijzing: Kleine stukjes kneden (niet te lang) en in lagen aanbrengen.
Na gladstrijken, afschmink of cleansing cream, licht afpoederen met een felle kleur rouge. Verwijderen, make-up remover, afschmink of cleansing cream.

*Doos van 75 ml.*

Grimas Soft Putty is a kneadable material with which you can remodel. To attach the putty securely you have to apply spirit gum on top of which crêpe wool, very finely cut, is applied. It is not advisable to apply soft putty to those parts of the face that are mobile, as it will loosen easily. Directions for use: Take a small amount of putty and model into required form (not too long). For best results, apply the putty in layers. Apply a bit of make-up remover or cleansing cream to smoothen and powder lightly with a bright colour rouge. Remove, make-up remover or cleansing cream.

*Box 75 ml.*

Ein knetbares Material, mit dem allerlei Verformungen auf die Haut gegeben werden. Für eine gute Haftung auf der Haut sollte man diese vorab mit Mastix bestreichen und darauf kleingeschnittene Wollkreppstückchen verteilen. Es ist nicht ratsam, Soft Putty auf die beweglichen Hautteile zu geben, es würde sich rasch lösen. Gebrauchsanleitung: Ein Stück der gewünschten Größe in Form kneten (nicht zulange). Es ist am besten, das Putty lagenweise aufzutragen. Dann mit ein wenig Abschminke oder Cleansing Cream bestreichen und leicht pudern mit ein helle Farbe Rouge. Entfernen, Make-up Remover oder Cleansing Cream.

*Dose 75 ml.*

C'est une substance malléable qui permet de créer toutes sortes de déformations sur la peau. Pour une bonne fixation de Soft Putty, enduisez la peau de mastic sur lequel sont collés des petits morceaux de crêpe de laine. Il est déconseillé d'appliquer Soft Putty sur les parties trop mobiles de la peau. Il se décollerait rapidement. Mode d'emploi: Pétrissez de petits morceaux (pas trop longtemps), appliquez par couches succesives. Lissez, et faire la finition en utilisant un corps demaquillant ou creme nettoyante et poudrez avec une rouge a jouez clair. Enlever, démaquillant (crème ou autre).

*Boîte de 75 ml*

CONTENTS:
Ceresin wax  Mineral oil  Titanium dioxide
Petrolatum  Iron oxides  Talc  Tocopherol(and)BHT.

# GRIMAS® EYEBROW PLASTIC
*Art.152*

Voor het wegwerken van wenkbrauwen. Met de vingernagel met de haargroei mee op de wenkbrauwen aanbrengen. Daarna make-up aanbrengen. Over eyebrowplastic kan met water-, crème- en cake make-up gewerkt worden. Verwijderen met make-up remover, afschmink of cleansing cream.

*Doosje van 25 ml.*

Used to block out eyebrows. Apply with the fingernail in the direction of the natural hair line. Apply the make-up. Water, crème and cake make-up can be used on eyebrow plastic. Remove with make-up remover or cleansing cream.

*Container 25 ml.*

Zum Wegschminken der Augenbrauen. Mit dem Fingernagel in Haarwuchsrichtung auf den Brauen anbringen. Danach Make-up auftragen. Die Plastik kann mit Wasser-, Creme- und Cake Make-up bearbeitet werden. Entfernen mit Make-up Remover oder Reinigungscreme.

*Döschen mit 25 ml.*

Recouvrir les sourcils. Pour appliquer, appuyer légèrement avec l'ongle, dans le sens des poils. Maquiller ensuite. Le eyebrowplastic accepte tout, water make-up, crème make-up et cake make-up. Pour en lever, utiliser démaquillant.

*Boîte de 25 ml.*

CONTENTS: Polyethylene wax  Microcrystalline wax  Acrylates copolymer  Glyceryl Abietate  Castor oil  Titanium dioxide  Iron oxides  Propylparaben  Tocopherol(and)BHT.

# GRIMAS® TANDLAK
*Art.155*

Lak voor het kleuren van tanden. Tanden goed droogmaken met tissue. Tandlak aanbrengen. Even laten drogen. Verwijderen met alcohol (jenever enz.). Sommige kunsttanden zijn poreus waardoor tandlak niet te verwijderen is. In de kleuren wit - zwart - nicotine - goud - rood.

*Penseelflesje van 10 ml.*

TOOTH ENAMEL. Used to colour teeth. Dry teeth with a tissue. Apply tooth enamel. Allow to dry. Remove with alcohol (gin etc.). Tooth enamel may stain some types of artificial teeth.
Colours: white - black - nicotin - gold - red.

*Bottle with brush 10 ml.*

ZAHNLACK. Zum Färben der Zähne. Zähne gut mit einem Tuch trocknen. Zahnlack auftragen, kurz trocknenlassen. Mit Alkohol entfernen (Schnaps, usw.) Manche Kunstzähne sind porös, wodurch Zahnlack nicht zu entfernen ist.
In den Farben weiß-schwarz-nicotin-gold-rot.

*Pinselflasche mit 10 ml.*

VERNIS A DENTS. Vernis pour teinter les dents. Bien sécher les dents avec un kleenex. Appliquez le vernis. Laissez sécher. Enlever à l'alcool (gin etc.). Certaines prothèses dentaires sont poreuses, ce qui rend impossible d'enlever le vernis.
Coloris: blanc - noir - nicotine - or - rouge.

*Flacon - pinceau de 10 ml.*

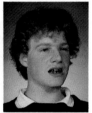

CONTENTS:
Ethyl alcohol  Synthetic resin
Hydrated silica
Titanium dioxide
Iron oxides
FD&C red  Mica

# GRIMAS® GELATINECAPSULES
*Art.172*

*Doosje met 10 stuks capsules
( 23 x 8 mm ), leeg.*

*Container with 10 pcs. capsules
( 23 x 8 mm ) empty.*

GELATINE KAPSELN. *Dose mit 10 Stück.
( 23 x 8 mm ). Leer.*

GRIMAS GELULES. *Boîte de 10 gélules
vides ( 23 x 8 mm )*

# GRIMAS® BLOEDCAPSULES
*Art.173*

Gelatine capsules gevuld met rood poeder. Na vermenging met het speeksel in de mond wordt een realistisch effect verkregen. Niet uitwasbaar uit kleding.
*Doosje met 10 stuks.*

BLOOD CAPSULES. Gelatine capsules filled with red powder. When mixed with the saliva in the mouth, it gives a realistic effect. Stains in clothes cannot be washed out.
*Box of 10 capsules.*

BLUT KAPSELN. Gelatinekapseln, die mit rotem Puder gefüllt sind. Nach Vermischen mit dem Speichel im Mund ensteht ein sehr realistischer Eindruck. Lässt sich nicht aus der Kleidung waschen.
*Dose 10 Stück.*

CAPSULES DE SANG. Capsules gélatineuses remplies d'une poudre rouge. Mélangée à la salive, l'effet est d'un réalisme surprenant. Tache les vêtements.
*Boîte de 10 pièces.*

CONTENTS:
Sorbitol  Sodium cetearyl sulfate  Citric acid
Hydrated silica  Food red 7

# GRIMAS® BLOED

Art.170-171

FILMBLOED A (licht) (art.170). Zowel intern als extern te gebruiken. Indien men voor intern gebruik bloed A donkerder wil kleuren is toevoegen van wat instant koffie een goede oplossing. Intern gebruik b.v. door middel van gelatine capsules. Smelt in de mond. Kort van te voren vullen. Zo koel mogelijk bewaren.
Uit kleding zo snel mogelijk handmatig verwijderen met zeep of een voorwasmiddel (Biotex).

FILMBLOED B (donker) (art.171). Zowel intern als extern te gebruiken. Niet uitwasbaar uit kleding.

*Flesje van 100 ml. Flesje met tuitdop om capsules te vullen en bloed makkelijk op de huid aan te brengen.*
*Fles van 250 ml. - 500 ml. - 1000 ml.*

FILMBLUT A (hell) (Art.170). Kann sowohl intern als extern verwendet werden. Falls man für internen Gebrauch das Blut dunkler färben will, ist die Zufügung von Instantkaffee eine gute Lösung. Interne Verwendung z.B. mittels Gelatinekapseln. Schmelzen im Mund. Kurz vor Verwendung füllen. Möglichst kühl aufbewahren.
Aus der Kleidung so schnell wie möglich in Handwäsche mit Seife oder einem Vorwaschmittel entfernen.

FILMBLUT B (dunkel) (art.171). Für inneren und äusserlichen Gebrauch geeignet. Lässt sich nicht auswaschen !

*Flasche mit 100 ml. Füllstutzen für Kapseln. Damit lässt sich das Blut einfacher auf der Haut anbringen.*
*Flasche mit 250 ml. - 500 ml. - 1000 ml.*

FILMBLOOD A (light) (art.170). Suitable for internal and external use.
For internal use blood A can be darkened by adding instant coffee. For internal blood, gelatine capsules, which melt in the mouth, can be used. Fill just before use and keep in a cool place.
To remove from clothing:
Wash by hand as soon as possible with soap or prewashing powder (Biotex).

FILMBLOOD B (dark) (art.171). Suitable for internal and external use. Stains clothing !

*Bottle 100 ml. Bottle with nozzle, to fill capsules and to apply easily on the skin.*
*Bottle 250 ml. - 500 ml. - 1000 ml.*

SANG DE CINEMA A (clair) (art.170). Usage interne ou externe. Afin de foncer le sang A pour usage interne, y ajouter quelques gouttes de café instantané. Usage interne, par exemple, au moyen de gélules. Elles fondent dans la bouche. Remplissez peu de temps avant usage. Gardez au frais.
Sur les vêtements enlever le plus rapidement possible en lavant à la main avec du savon ou une lessive pour prélavage (Biotex).

SANG DE CINEMA B (foncé) (art.171). Usage interne ou externe. Tache les vêtements.

*Flacon de 100 ml. Flacon équipe d'un verseur pour remplir les gélules, et étaler facilement sur la peau.*
*Flacon de 250 ml. - 500 ml. - 1000 ml.*

CONTENTS:
Water  Hydroxy ethyl cellulose  PEG-7-Glyceryl cocoate  Dimethicone FD&C red  Methyldibromoglutaronitrile (and) Phenoxyethanol

# GRIMAS® MASTIX *Art.161*

Huidlijm op basis van natuurlijke harsen. Om baarden, snorren te lijmen. Niet in de buurt van ogen, dus zeker niet als wimperlijm gebruiken. Voor personen die allergie problemen hebben is het raadzaam vóór gebruik de mastix op de binnenzijde van de pols uit te proberen. Altijd op schone, make-up vrije huid aanbrengen.Verwijderen met milde mastix remover of mastix remover.

*Penseelflesje van 10 ml. en 80 ml.*

SPIRIT GUM. A liquid gum adhesive of natural resins. Used to attach beards, moustaches. Not to be used near the eyes and definitely not to be used to attach eyelashes !
Always apply to a clean skin.For people with allergies, it is advisable to test the Spirit Gum on the inside of the pulse before use. Remove with Spirit Gum Remover.

*Bottle with 10 ml. and 80 ml.*

MASTIX. Hautleim auf der Basis von Naturharzen, zum Ankleben von Schnurrbart, Bart.
Nicht in Augennähe und daher erst recht nicht als Wimpernleim verwenden ! Für Personen mit Allergieproblemen empfiehlt es sich, Mastix vor dem Gebrauch an der Handinnenseite am Puls auszuprobieren. Mastix mit mildem oder Mastixremover entfernen.

*Pinselflasche mit 10 ml oder 80 ml.*

GRIMAS MASTIC. Colle pour la peau à base de résines naturelles, pour coller les barbes, les moustaches, A tenir éloignée des yeux, à surtout ne pas utiliser pour les cils. Il est recommandé aux personnes souffrant d'allergie, d'essayer d'abord le mastic sur le poignet (au-dessous de la paume). Mastic s'élève au démaquillant doux Mastic ou au démaquillant Mastic.

*Flacon à pinceau 10 ml. et 80 ml.*

CONTENTS: Ethyl alcohol Copal Castor oil

## *Art.165* MASTIX REMOVER

Voor het verwijderen van mastix. Voorzichtig deppend met watje verwijderen. Brandgevaarlijk !

*Flesje van 100 ml. Fles van 1000 ml.*

SPIRIT GUM REMOVER. Used to remove and dissolve spirit gum. Using a wad of cotton. Inflammable.

*Bottle 100 ml. Bottle 1000 ml.*

MASTIX REMOVER. Zum entfernen von Mastix. Vorsichtig mit einem Wattebausch tupfend abnehemen. Brennbar.
*Flasche 100 ml. Flasche 1000 ml.*

GRIMAS DEMAQUILLANT MASTIC. Enlève le mastic. Tamponner légèrement avec de l'ouate. Inflammable.
*Flacon 100 ml. Flacon 1000 ml.*

CONTENTS: Ethyl alcohol Isopropyl alcohol

## *Art.162* MASTIX EXTRA

Matwerkende, sterk hechtende huidlijm. Geeft in tegenstelling tot normale mastix weinig of geen irritatie. Zeer ge-schikt voor het lijmen van snorren, baarden, latex hulpstukken en kale koppen. Niet in de buurt van de ogen gebruiken. Alleen te verwijderen met mastix extra remover !

*Penseelflesje 10 ml. en 80 ml.*

SPIRIT GUM EXTRA. A matte, highly adhesive skin glue. Contrary to normal Spirit Gum it causes little or no irritation. Very suitable for glueing on moustaches, beards, latex accessories and bald caps Do not apply near the eyes ! Remove with Spirit Gum Extra Remover.

*Bottle with brush 10 ml. and 80 ml.*

MASTIX EXTRA. Matter, stark haftender Hautleim. Gibt im Gegensatz zu normalem Mastix wenig oder keine Irritationen. Sehr geeignet für das Leimen von Bärten, Schnurrbärten, Latex-Hilfsmitteln und Glatzen. Nicht in Augennähe auftragen ! Lässt sich nur mit Mastix Extra Entferner entfernen.

*Pinselflasche mit 10 ml. und 80 ml.*

GRIMAS MASTIC EXTRA. Colle pour la peau mat. A forte adhésion. N'irrite la peau que très légèrement ou pas du tout, contrairement au mastic habituel. Colle fort bien les moustaches, les barbes, les pièces en latex et les Crânes Chauves. A tenir éloigné des yeux ! Ne s'enlève qu'au démaquillant Mastic Extra !

*Flacon à pinceau 10 ml. et 80 ml.*

CONTENTS: Isopropylalcohol Synthetic resin Castor oil

## *Art.167* MASTIX EXTRA REMOVER

Voor het verwijderen van Mastix extra. Brandgevaarlijk !
*Flesje van 100 ml. 1000 ml.*

SPIRIT GUM EXTRA REMOVER. For removing Spirit Gum Extra. Inflammable.
*Bottle 100 ml. 1000 ml.*

MASTIX EXTRA REMOVER. Zur Entfernung von Mastix Extra. Feuergefährlich.
*Flasche mit 100 ml. 1000 ml.*

GRIMAS DEMAQUILLANT MASTIC EXTRA. Enlève le Mastic Extra. Inflammable.
*Flacon à pinceau 100 ml. et 1000 ml.*

CONTENTS: Isopropylalcohol

# GRIMAS® WATEROPLOSBARE MASTIX
**Art.160**

Huidlijm op waterbasis voor het lijmen van baarden en snorren van wolcrêpe, sterretjes etc. Gemakkelijk te verwijderen met warm water. Ook geschikt voor gebruik bij kinderen. Wateroplosbare mastix kan loslaten bij transpiratie.

*Penseelflesje 10 ml. - 80 ml.*

WATERSOLUBLE SPIRIT GUM. A watersoluble liquid gum adhesive used to attach beards and moustaches made of crêpe wool, stars, etc. Can easily be removed with warm water. Suitable to use when making up children. With perspiration water-soluble spirit gum can loosen.

*Bottle with brush 10 ml. - 80 ml.*

WASSERLÖSLICHES MASTIX. Hautleim auf Wasserbasis zum Ankleben von Bart oder Schnurr-bart aus Wollkrepp, sowie Sternchen usw. Lässt sich mühelos mit warmem Wasser entfernen. Auch für Kindergeeignet. Wasserlösliches Mastix kann sich bei Transpirieren loslösen.

*Pinselflasche 10 ml. - 80 ml.*

GRIMAS MASTIC SOLUBLE. Colle pour la peau à base d'eau, fixe les barbes et moustaches et crêpe de laine, les étoiles, etc. S'enlève facilement à l'eau chaude.Convient aux enfants. Ce mastic soluble peut se décoller sous l'effet de transpiration.

*Flacon à pinceau 10 ml. - 80 ml.*

*CONTENTS: PVP-VA-copolymer Ethyl alcohol PEG-75-Lanolin oil*

---

# **Art.163 MEDICINALE MASTIX**

Huidlijm, waarbij het risico van huidirritaties sterk beperkt is. Droogt snel op. Geschikt voor het plakken van snorren, baarden, latex neuzen enz. Niet voor kaalkoppen. Ver-wijderen met milde mastix remover.

*Penseelflesje van 10 ml.*

MEDICINAL SPIRIT GUM. Skin glue, limiting the risk of skin irritations. Suitable for the following purposes: gluing on moustaches, beards, latex accessoiries.Not for bald caps. Remove with Mild Spirit Gum Remover.

*Bottle with brush 10 ml.*

MEDIZINALES MASTIX. Hautleim auf der Basis medi-zinischer Rohstoffe, die das Risiko einer Hautirritation weitgehend einschränken. Für die folgenden Zwecke geeignet: Zum ankleben von Schnurr, Bärten und Latex Hilfsmitteln. Nicht für Glatzen. Mit milder Mastix Remover entfernen.

*Pinselflasche mit 10 ml.*

GRIMAS MASTIC MEDICINAL. Colle pour la peau à bas risque d'irritation, séchage rapide. S'utilise pour: coller les moustaches, les barbes, les nez en latex etc. Ne pas utiliser pour les Crânes Chauves. S'enlève avec un démaquillant doux pour mastic.

*Flacon à pinceau 10 ml.*

*CONTENTS: | Dimethicone Fluorocarbon*

---

# **Art.168 MILDE MASTIX REMOVER**

Alleen geschikt voor het verwijderen van mastix en me-dicinale mastix. Deppend met watje verwijderen. Is in tegenstelling tot mastix-remover zeer geschikt voor gebruik op een gevoelige huid. Lijm in remover op laten lossen.

*Flesje van 100 ml. Fles van 1000 ml.*

MILD SPIRIT GUM REMOVER. Only suitable for removing Spirit Gum and Medicinal Spirit Gum. Remove Spirit Gum by dabbing on with a wad of cotton. Unlike Spirit Gum Remover, it is very suitable for use on sensitive skin. Allow the glue to dissolve in the remover.

*Bottle 100 ml. Bottle 1000 ml.*

MILDER MASTIX REMOVER. Eignet sich nur zur Enfernung von Mastix und medizinalem Mastix. Mit einem Wattebausch abtupfen. Eignet sich im Gegensatz zu Mastix Remover besonders für die empfindliche Haut. Leim im Remover auflösen lassen.

*Flasche 100 ml. Flasche 1000 ml.*

GRIMAS DEMAQUILLANT DOUX POUR MASTIC. Utiliser uniquement pour enlever le mastic et le mastic médicinal. Tamponner légèrement avec de l'ouate. N'irrite pas les peaux sensibles, contrairement au démaquillant mastic. Laissez la colle se dissoudre dans le démaquillant.

*Flacon 100 ml. Flacon 1000 ml.*

*CONTENTS: Octyl stearate*

---

# **Art.169 STOPPELPASTA**

Een kleefstick om in kombinatie met fijngeknipte wolcrêpe of haar het effect van een stoppelbaard te bereiken. Kan over de make-up aangebracht worden Kan ook gebruikt worden voor het plakken van glitter en sterretjes.

*Stick 40 ml.*

STUBBLE PASTE. An adhesive stick which can achieve the effect of a stubbly beard when used together with finely cut crêpe wool or hair. Can be applied over the make-up. Can also be used to attach glitter and stars.

*Stick 40 ml.*

STOPPELPASTE. Ein Klebestift, um in Kombination mit feingeschnittenem Wollkrepp oder Haar den Effekt eines Stoppelbartes zu erzielen. Kann über dem Make-up aufgetragen werden. Kann auch zum Aufkleben von Glitzer und Stern-chen benutzt werden.

*Stick 40 ml.*

PATE POUR BARBE. Un adhésif à utiliser avec le crêpe de laine ou cheveux finement coupés afin d'obtenir l'effet d'une barbe naissante. Peut s'appliquer sur le maquillage. Sert également à coller le scintillant et les petites étoiles.

*Stick 40 ml.*

*CONTENTS: Mineral oil Beeswax Glyceryl Abiëtate Tocopherol I(and)BHT.*

# GRIMAS® WOLCRÊPE

| 21 kleuren | 21 colours | 21 Farben | 21 couleurs |
|---|---|---|---|
| 01 wit | white | weiß | blanc |
| 02 lichtblond | fair | hellblond | blond pâle |
| 03 geelblond | middle blond | gelblich blond | blond doré |
| 04 blond | blond | blond | blond |
| 05 donkerblond | dark blond | dunkelblond | blond foncé |
| 06 licht kastanjebruin | light chestnut brown | helles Kastanienbraun | châtain clair |
| 07 kastanjebruin | chestnut brown | Kastanienbraun | châtain |
| 08 donker kastanjebruin | dark chestnut brown | dunkles Kastanienbraun | châtain foncé |
| 09 lichtbruin | light brown | hellbraun | brun clair |
| 10 middenbruin | middle brown | mittelbraun | brun moyen |
| 11 donkerbruin | dark brown | dunkelbraun | brun foncé |
| 12 oranjerood | orange red | orangerot | orange rougeâtre |
| 13 lichtgrijs | light grey | hellgrau | gris clair |
| 14 middengrijs | middle grey | mittelgrau | gris moyen |
| 15 donkergrijs | dark grey | dunkelgrau | gris foncé |
| 16 zwart | black | schwarz | noir |
| 17 rood | red | rot | rouge |
| 18 blauw | blue | blau | bleu |
| 19 groen | green | grün | vert |
| 20 bruingrijs licht | light brown grey | braungrau hell | brun grisâtre clair |
| 21 bruingrijs donker | dark brown grey | braungrau dunkel | brun grisâtre foncé |
| *per meter* | *pro Meter* | *per metre* | *au mètre* |

# GRIMAS® KALE KOPPEN PLASTIC
## Art.150

Vloeistof voor het maken van een kaalkop. Aanbrengen op gladde keramieken of glazen kop met verfkwast, eventueel verdunnen met aceton. Het in te smeren gedeelte moet eerst worden afgetekend. Na droging (ca. 10 min.) herhalen tot 4 à 5 lagen. Werk snel om te voorkomen dat de onderste laag oplost. De aldus verkregen plastic laag kan nu voorzichtig worden afgenomen. Bij afnemen transpaantpoeder gebruiken om te voorkomen dat het plastic aan elkaar plakt.
Nooit direkt op de huid gebruiken. Buiten of in een goed geventileerde ruimte verwerken. Licht ontvlambaar. Verwijderd houden van ontstekingsbronnen - niet roken ! Damp niet inademen.

*Blik 500 ml. - 1000 ml.*
*Kant en klare kaalkop.*

BALD CAP PLASTIC. Fluid to make a bald cap. Apply on glass or ceramic decoration head with brush. Can be diluted with aceton. Outline the area to be covered. After drying (10 minutes) repeat upto 4 or 5 layers. To avoid the last layer being solved work quickly. The obtained plastic cap can now be peeled off carefully, using transparent powder to avoid the plastic sticking together.
Never use directly on the skin. Use outside or in well ventilated room. Inflammable. Keep away from ignition sources - no smoking ! Do not inhale fumes.

*Tin 500 ml. - 1000 ml.*
*Ready made Bald Cap.*

### GLATZENPLASTIK
Flüssigkeit zum Herstellen einer Glatze. Mit Pinsel auf einem glatten Keramik- oder Glaskopf anbringen, eventuell mit Aceton verdünnen. Den Teil, der eingestrichen werden soll, erst vorzeichnen. Nach dem Trocknen (etwa 10 Min.) wiederholen, 4 bis 5 Schichten. Schnell arbeiten, um zu verhindern, dass die Untere Schicht sich auflöst. Die so erhaltene Plastiklage kann dann vorsichtig abgenommen werden. Dabei Transparentpuder verwenden, der verhindert, dass das Plastik aneinanderklebt.
Nie direkt auf die Haut auftragen ! Draussen oder in einem gut ventilierten Raum verwenden. Leicht brennbar. Nicht in der Nähe einer offenen Flamme verarbeiten - nicht rauchen ! Die Dämpfe nicht inhalieren.

*Büchse mit 500 ml. - 1000 ml.*
*Fertige Glatze.*

### GRIMAS PLASTIQUE POUR CRÂNES CHAUVES.
Liquide, servant à la fabrication des Crânes Chauves. Enduisez les têtes en céramique ou en verre, à la brosse de peintre, diluez éventuellement à l'acétone. Délimitez auparavant la partie à enduire. Après le séchage (10 min.) recommencez l'opération pour obtenir 4 ou 5 couches. Enduisez rapidement afin d'éviter la dissolution de la couche inférieure. Retirez doucement le film ainsi obtenu. Recouvrez de poudre transparente afin de prévenir l'adhérence du plastique sur lui-même.
Ne jamais employer directement sur la peau. Travailler à l'extérieur ou dans une pièce bien aerée. Légèrement inflammable. A tenir éloigné de toute source de chaleur/allumage. Défense de fumer ! Ne pas respirer les vapeurs.

*Boîte 500 ml. - 1000 ml.*
*Crâne Chauve toute prête.*

# GRIMAS® LATEX RUBBERMELK
### Art.151

Voor het afgieten van neuzen enz.in een gipsen model. Latex wordt ook in kombinatie met tissue of watten direkt op de huid gebruikt (ouder maken, rimpels).Dit laatste kan huidirritaties veroorzaken. Goed afsluiten na gebruik.

*Fles van 100 ml. - 500 ml. - 1000 ml.*

LATEX/RUBBERMILK. Used to make positive casts of noses etc. in a plaster mold. Latex is also used in combination with cotton wads or paper tissue directly on the skin (ageing, wrinkles). This can cause skin irritation. Secure cap well after use.

*Bottle 100 ml. - 500 ml. - 1000 ml.*

LATEX/GUMMIMILCH. Zum Formgiessen von Nasen usw. in ein Gipsmodell. Latex wird auch in kombination mit einem Zellstoftuch oder Watte direkt auf der Haut verarbeitet (älterschminken, Runzeln). Dieses kann unter Umständen Hautirritationen hervorrufen. Nach Gebrauch gut verschliessen.

*Flasche mit 100 ml. - 500 ml. - 1000 ml.*

GRIMAS LAIT LATEX/CAOUTCHOUC. Pour mouler les nez etc. dans une forme en plâtre. Le Latex s'applique directement sur la peau en combinaison avec des kleenex ou de l'ouate (pour vieillir, rides). Attention, danger d'irritation de la peau. Bien refermer après emploi.

*Flacon 100 ml. - 500 ml. - 1000 ml.*

 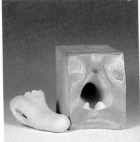 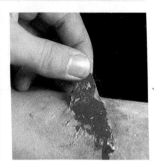

# GRIMAS® FOAM LATEX
### Art.158

Foam latex is een kombinatie van verschillende componenten. Hiermee kan een soepel, licht, 3-dimensionaal en nauwkeurig passend schuim-latex masker gemaakt worden. Het maken van een foam latex masker vereist naast veel ervaring een nauwkeurige aanpak waarbij gereedschappen als een mixer en een oven gebruikt moeten worden. Een uitgebreide beschrijving hoe met Foam Latex gewerkt moet worden is bij ieder produkt gevoegd.

FOAM LATEX. Foam Latex is a combination of different components. It can be used to make a pliable, light-weight, 3-dimensional perfectly fitting foam latex mask. Making a foam latex mask requires not only a lot of experience, but a careful and exacting approach, with the aid of a mixer and an oven. A detailed description of the method of working with Foam Latex is enclosed with each product.

FOAM LATEX. Eine Kombination verschiedener Komponenten. Hiermit lässt sich eine weichen leichte, dreidimensionale und genau passende Schaumlatexmaske herstellen. Dazu ist ausser viel Erfahrung auch eine genaue Arbeitsweise erforderlich, wobei Werkzeuge wie ein Mixer und ein Ofen verwendet werden müssen. Eine ausführliche Beschreibung der Arbeitsweise mit Schaumlatex liegt jedem Produkt bei.

GRIMAS MOUSSE LATEX. Cette mousse latex se compose de divers éléments. On l'utilise pour la fabrication de masque souple, léger, tridimensionnel et sur mesure. Exécuter un masque en mousse latex exige, outre une longue expérience, une approche précise sans oublier les outils nécessaires tels qu'un mixer et un four. Un mode d'emploi détaillé est ajouté à chaque produit.

| 1 | 2 | 3 | 4 | 5 |
|---|---|---|---|---|
| normale neus<br>regular nose<br>normal nase<br>nez normal | aardbeienneus<br>strawberry nose<br>erdbeer nase<br>nez épaté | haakneus<br>hook nose<br>haken nase (krumm)<br>nez crochu | heksenneus<br>witch nose<br>hexen nase<br>nez de sorcière | wipneus<br>turned-up nose<br>stupsnase<br>nez retroussé |

| 6 | 7 | 8 | 9 | 10 |
|---|---|---|---|---|
| clown middel<br>clowns nose medium<br>clowsnase, mittel<br>clown, moyen | pinokkio<br>pinnochio<br>pinokkio<br>pinocchio | duivelsneus<br>devils nose<br>teufelsnase<br>nez de diable | clown groot<br>clown large<br>clowns nase, gross<br>clown, grand | cyrano groot<br>cyrano large<br>cyrano gross<br>cyrano grand |

| 11 | 12 | 13 | 14 | 15 |
|---|---|---|---|---|
| cyrano klein<br>cyrano small<br>cyrano, klein<br>cyrano, petit | honden snuit<br>dogs snout<br>hundeschnauze<br>museau de chien | quasimodo oog<br>quasimodo eye<br>quasimodo auge<br>quasimodo oeil | drankneus<br>liquor nose<br>schnaps nase<br>nez d'alcoolique | reptiel<br>reptile<br>reptil<br>reptile |

| 16 | 17 | 18 | 19 | 20 |
|---|---|---|---|---|
| katten snuit<br>cats snout<br>katzenschnauze<br>museau de chat | knaagdier<br>gnawing animal<br>nagetiere<br>rongeur | vierkante clownsneus<br>square clowns nose<br>eckige clownsnase<br>nez de clown, carré | orientaalse neus<br>oriental nose<br>orientalische nase<br>nez oriental | vogel<br>bird<br>vogel<br>oiseau |

# GRIMAS® LATEX NEUZEN EN SETS

grote haakneus **21**
hook nose large
haken nase
grand nez crochu

heksen set. neus/kin **50**
witch set. nose/chin
hexensatz
nez et menton de sorcière

set horens **51**
set of horns
hörner satz
jeu de cornes

set puntoren **52**
pointed ears
spitzoren
jeu d'oreilles pointues

varkensset **53**
pig set
schweinsgesicht, set
jeu porc

apen set **54**
monkey set
affe, set
jeu singe

# GRIMAS® KUNSTSTOF OOG
*Art. 187*

Leverbaar in blauw, bruin en groen.

**ARTIFICIAL EYE**
Available in blue, brown and green.

**KÜNSTLICHES AUGE**
Lieferbar in blau, braun und grün.

**OEIL ARTIFICIEL**
Existe en bleu, brun et vert.

# GRIMAS® KERAMIEKEN HOOFD
*Art.159*

Geschikt voor het maken van een kale kop met behulp van Kale Koppen Plastic.

CERAMIC HEAD. Suitable for making a bald cap using Bald Cap Plastic.

KERAMIK KOPF. Geeignet für das anfertigen einer Glatze mit Glatzenplastik.

GRIMAS TETE EN CERAMIQUE. Convient à la confection des Crâne Chauves en utilisant le plastique pour Crâne Chauve.

# GRIMAS® RUNDER PENSELEN
### Art.190

RUNDER PENSELEN MET RODE STEEL. Geschikt voor het werken met water make-up. Het nummer geeft de breedte aan in mm.

*Runder penseel nr.2*
*Runder penseel nr.4*
*Runder penseel nr.6*
*Runder penseel nr.8*
*Runder penseel nr.10*

OX HAIR BRUSHES WITH RED HANDLE. Suitable to use when applying water make-up. Number is width in mm.

*Ox hair brush nr.2    flat*
*Ox hair brush nr.4    flat*
*Ox hair brush nr.6    flat*
*Ox hair brush nr.8    flat*
*Ox hair brush nr.10 flat*

RINDERPINSEL MIT ROTEM STIEL. Geeignet zur Verarbeitung von Water Make-up. Nummer ist Breite in mm.

*Rinderpinsel nr.2    flach*
*Rinderpinsel nr.4    flach*
*Rinderpinsel nr.6    flach*
*Rinderpinsel nr.8    flach*
*Rinderpinsel nr.10 flach*

PINCEAUX EN POILS DE BOEUF A MANCHE ROUGE. Conviennent paraitement au water make-up. le noméro indique la largeur en mm.

*Pinceau de poils de bovins no.2*
*Pinceau de poils de bovins no.4*
*Pinceau de poils de bovins no.6*
*Pinceau de poils de bovins no.8*
*Pinceau de poils de bovins no.10*

# GRIMAS® ROODMARTER PENSELEN
### Art.194

ROODMARTER PENSELEN MET WITTE STEEL. Model plat-rond voor lippen, oogschaduw en rouge. Het nummer geeft de breedte aan in mm.

*nr. V 4      nr. V 6*
*nr. V 8      nr. V 10*

RED SABLE BRUSHES WITH WHITE HANDLE. Model flat-round, for lips, eyeshadow and rouge. Number is width in mm.

*nr. V 4      nr. V 6*
*nr. V 8      nr. V 10*

ROTMARDERPINSEL MIT WEIßEM STIEL. Form: flach/runde Spitze, für Lippen, Lidschatten und Rouge. Nummer ist Breite in MM.

*Nr. V 4      Nr. V 6*
*Nr. V 8      Nr. V 10*

PINCEAUX DE MARTRE A GORGE ROUGE, A MANCHE BLANCHE. Modèle rond et plat pour les lèvres, les ombres à paupières et fards à joues. Le numéro indique la largeur en mm.

*no. V 4      no. V 6*
*no. V 8      no. V 10*

# ᏀᏒᎥᎷᎪᏚ MARTER PENSELEN

## Art.191

MARTER PENSELEN MET ZWARTE STEEL.
Kwaliteitspenselen van roodmarter haar. Roodmarter haar is veerkrachtig en behoudt zijn soepel-
heid. Marter penselen kunnen goed gereinigd
worden met make-up remover of afschmink. Het
nummer geeft de breedte aan in mm.

Eyeliner penselen:
nr.00 - marter rond  0,5 mm.
nr.0  - marter rond  0,8 mm.
nr.1  - marter rond  1,0 mm.
nr.2  - marter rond  1,5 mm.

Lippenpenseel:
nr.4 - marter kattetong model (Art.192)

Roodmarter platte penselen:
nr.2 - marter plat
nr.4 - marter plat      nr.6  - marter plat
nr.8 - marter plat      nr.10 - marter plat

SABLE BRUSHES WITH BLACK HANDLE.
Quality brushes made of red sable. Red sable is very
springly and maintains its flexibility. Clean with
make-up remover. Number is width in mm.

Eyeliner brushes:
nr.00 - sable round  0,5 mm.
nr.0  - sable round  0,8 mm
nr.1  - sable round  1,0 mm.
nr.2  - sable round  1,5 mm.

Brush for the lips:
nr.4 - sable  flat pointed (Art.192)

Red sable flat brushes:
nr.2 - flat sable
nr.4 - flat sable      nr.6  - flat sable
nr.8 - flat sable      nr.10 - flat sable

MARDERPINSEL MIT SCHWARZEM STIEL
Qualitätspinsel aus Rotmarderhaar. Dieses Haar ist
elastisch und behält seine Souplesse. Alle Marderpinsel werden geliefert mit Schutzhülse. Marder-
pinselkönnen gut gereinigt werden mit Make-up Remover oder Abschminke. Nummer ist Breite in mm.

Lidstrichpinsel:
Nr.00 - Marder rund  0,5 mm
Nr.0  - Marder rund  0,8 mm
Nr.1  - Marder rund  1,0 mm
Nr.2  - Marder rund  1,5 mm

Lippenpinsel:
Nr.4 - Marder, Katzenzungenmodell (Art.192)

Rotmarder Flachpinsel:
Nr.2 - Marder flach.
Nr.4 - Marder, flach  Nr.6 - Marder, flach
Nr.8 - Marder, flach  Nr.10 - Marder, flach

PINCEAUX DE MARTRE A MANCHE NOIR.
Des pinceaux de qualité, en poils de martre à gorge
rousse. Ces poils conservent leur élasticité et leur
souplesse. Les pinceaux de martre se nettoient
facilement au démaquillant. Le numéro indique la
largeur en mm.

Pinceaux eye-liner:
no.00 - martre, rond  0,5 mm.
no. 0  - martre, rond  0.8 mm
no. 1  - martre, rond  1,0 mm.
no. 2  - martre, rond  1,5 mm.

Pinceaux pour les lèvres:
no.4 - martre, modèle langue de chat (Art.192)

Pinceaux plats de martre à gorge rousse:
no.2 - martre, plat
no.4 - martre, plat    no.6 - martre, plat
no.8 - martre, plat    no.10 - martre, plat

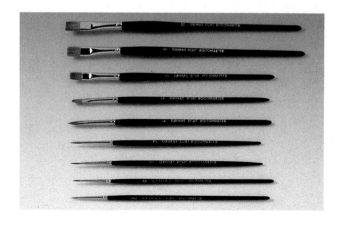

**Art.193**

POEDER/ROUGEBORSTELS met zwarte steel. Vervaardigd van zacht en veerkrachtig ponyhaar. De nrs.4 en 6 zijn geschikt om poederrouge aan te brengen. De nrs.8, 10 en 20 voor afpoederen.

POWDER/ROUGE BRUSHES with black handle. Made of soft and springly ponyhair. Nrs.4 and 6 are suitable to use when applying powder rouge. Nrs.8, 10 and 20 are suitable when powdering with transparent powder.

*nr.  4 - breedte aan schacht 16 mm.*
*nr.  6 - breedte aan schacht 20 mm.*
*nr.  8 - breedte aan schacht 24 mm.*
*nr.10 - breedte aan schacht 28 mm.*
*nr.20 - breedte aan schacht 40 mm.*

*nr.  4 - width 16 mm.*
*nr.  6 - width 20 mm.*
*nr.  8 - width 24 mm.*
*nr.10 - width 28 mm.*
*nr.20 - width 40 mm.*

PUDER/ROUGE PINSEL mit schwarzem Stiel. Aus weichem,elastischem Ponyhaar gemacht. Die Nummern 4 und 6 eignen sich zum Auftragen von Puderrouge. Nummern 8 und 10 zum Pudern mit Transparentpuder.

BROSSES POUR FARDS A TOUES ET POUDRE. Manche noire. En poils de poney souples et élastiques. Les nos 4 et 6 sont utilisés pour les fards à joues. Les nos 8, 10 et 12 pour appliquer la poudre.

*Nr.  4 - Schachtbreite 16 mm*
*Nr.  6 - Schachtbreite 20 mm*
*Nr.  8 - Schachtbreite 24 mm*
*Nr.10 - Schachtbreite 28 mm*
*Nr.20 - Schachtbreite 40 mm*

*no.  4 - largeur à la hampe 16 mm.*
*no.  6 - largeur à la hampe 20 mm.*
*no.  8 - largeur à la hampe 28 mm.*
*no.10 - largeur à la hampe 24 mm.*
*no.20 - largeur à la hampe 40 mm.*

VARIOUS ARTICLES.

- MAKE-UP SPONSJE. Verpakt. *Art.290*
- LATEX SPONSJES. 4 stuks in pakje. *Art.294*
- VELOURS POEDERDONS. Doorsnede 10 cm.Voor gebruik met Compact poeder. *Art.293*
- STOPPELSPONSJE. Voor het maken van een stoppelbaard of coupe rose met make-up. *Art.291*
- STIPPELSPONSJE. Fijner van struktuur. *Art.292*
- PUNTENSLIJPER.*Art.296*
- APPLICATOR. 10 stuks in pakje. *Art.297*
- PLASTIC SPATEL. Wit. *Art.298*
- JAPANS SPONSJE. *Art.295*

- MAKE-UP SPONGE. Packed in plastic. *Art.290*
- LATEX SPONGES. 4 pcs in plastic bag. *Art.294*
- VELOUR POWDER PUFF. Diameter 10 cm. For use with Compact Powder. *Art.293*
- STUBBLE SPONGE    Used to give the appearance of a stubble beard or coupe rose with make-up. *Art.291*
- STIPPLE SPONGE. *Art.292.*
- SHARPENER. *Art.296*
- APPLICATOR. 10 pcs in pack. *Art.297*
- PLASTIC SPATULA WHITE. *Art.298*
- JAPANESE SPONGE. *Art.295*

DIVERSE ACCESOIRES.

- MAKE-UP SCHWÄMMCHEN. Verpackt. *Art.290*
- LATEX SCHWÄMMCHEN. 4 St. *Art.294*
- VELOURS PUDERQUASTE. Durchschnitt 100 mm. Zur Verwendung mit Kompaktpuder oder Transparentpuder. *Art.293*
- STOPPELSCHWÄMMCHEN. Für Stoppelbart oder coupe rose mit Make-up. *Art.291*
- STIPPELSCHWÄMMCHEN. In der Struktur feiner als der Stoppelschwamm. *Art.292*
- ANSPITZER. Für Make-up Stifte. *Art.296*
- APPLIKATOR. Pack mit 10 St. *Art.297*
- PLASTIK SPATEL. Weiß. *Art.298*
- JAPANISCHES SCHWÄMMCHEN. *Art.295*

ACCESSOIRES DIVERS.

- EPONGE DE MAQUILLAGE. Emballée. *Art.290*
- EPONGES EN LATEX. Emballage de 4 p. *Art.294*
- HOUPPE DE VELOURS. 10 cm de Diamètre. Utiliser avec la Poudre Compacte. *Art.293*
- EPONGE A BARBE. Effet mal rasé ou coupe rose avec maquillage. *Art.291*
- EPONGE A BARBE. Structure plus fine. *Art.292*
- TAILLE-CRAYONS. *Art.296*
- APPLICATEURS. Emballage de 10 p. *Art.297*
- SPATULE EN PLASTIC. Blanc. *Art.298*
- EPONGE DU JAPON. *Art.295.*

## A. Aluminium Silicate
Gezuiverde delfstof. Ontstaat door verwering van graniet. Matteringsmiddel.● Purified mineral. Produced by grinding granite. Dulling agent.● Gereinigtes Mineral. Entsteht durch Auswitterung von Granit. Mattierungsmittel.● Minéral purifié. Est obtenu par l'effritement du granit. Agent de matage.●

## Amphoteric 2
Afleiding van kokosolie. Antigeleringsmiddel - menghulpmiddel - oppervlakte spanningsverlager.● Derivative of coconut oil. Anti gelling agent. Mixing aid. Reducts surface activity.● Derivat des Kokosöls. Antigelierungsmittel - Mischhilfsmittel - vermindert die Oberflächenspannung.● Dérivé de l'huile de noix de coco. Agent anti gélificateur- auxiliaire de mélange- réduit la tension de la surface.

## Acrylates copolymer
Kunstmatig vervaardigde hars. Filmvormer.● Artificially made resin, forms a thin filmlayer.● Künstlich hergestelltes Harz, Filmvormer.● Résine artificielle. Formation de films.

## B. Beeswax
Bijenwas. Stollings- en smeltpunt verhogend.● Raises congealing- and melting point.● Bienenwachs. Gerinnungs- und Schmelzpunkt erhöhendes Mittel.● Cire d'abeilles. Agent élévateur du point de solidification et du point de fusion.

## 2-Bromo-2 Nitropropane-1,3-diol
Conserveringsmiddel. Werkzaam tegen bacteriën.● Preservative. Active against bacteria.● Konservierungsmittel. Wirksam gegen Bakterien.● Agent de conservation. Combat les bactéries.

## C. Calcium Carbonate
Natuurlijke delfstof. Krijt. Matteringsmiddel.● Mineral. Chalk. Dulling agent.● Natürliches Mineral. Kalk, Kreide. Mattierungs- und Anti-klumpmittel.● Minéral naturel. Craie, agent de matage.

## Candelilla
Harde plantaardige was uit Mexico. Geeft stevigheid aan de make-up.● A hard vegetable wax from Mexico. Gives firmness to the make-up.● Harter Pflanzenwachs aus Mexico. Verleiht dem Make-up Festigkeit.● Cire végétale dure, du Mexique. Donne du corps au maquillage.

## Carnauba
Harde plantaardige was uit Brazilië. Geeft stevigheid en is smeltpuntverhogend.● A hard vegetable wax from Brazil. Gives firmness and raises melting point.● Harter Pflanzenwachs aus Brasilien. verleiht Festigkeit und erhöht den Schmelzpunkt.● Cire végétale dure du Brésil. Donne du corps et rehausse le point de fusion.

## Carbomer 940
Polyacrylzuur. Kunstmatig gemaakt geleringsmiddel of verdikker. Stabilisator ● Polyacrilic acid, an artificially made gelling agent or thickener. Stabilizor. ● Polyacrylsäure. Künstlich hergestelltes Geliermittel oder Eindicker.● Acide polyacrilique . Agent gélificateur ou épaississeur obtenu artificiellement. Stabilisateur.

## Castor oil
Ricinusolie. Natuurlijke olie van het zaad van de castorpalm.● Natural oil from the seed of the Castor palm.● Rizinusöl. Natürliches Öl aus dem Samen der Castorpalme.● Huile de  ricin. Huile naturelle de graines du ricin.

## Ceresin Wax
Delfstof. Vervaardigd van gezuiverde ozokeriet, een in de natuur voorkomende was, afkomstig uit Utah en Texas.● Mineral. Made from purified ozokerite, a wax found in Utah and Texas.● Mineral. Hergestellt aus raffiniertem Ozokerit, ein natürlicher Wachs aus Utah und Texas.● Minéral. Obtenu par la purification de l'ozocérite, une cire présente dans la nature, à Utah, Texas.

## Cetearyl alcohol
Witte was met goede mengeigenschappen. Stabilisator.● White wax with good mixing properties. Stabilizor.● Weißer Wachs mit guten Mischeigenschaften. Stabilisator.● Une bonne cire blanche, facilite les mélanges. Stabilisateur.

## Cetyl alcohol
Witte was, afgeleid uit kokosolie. Stabilisator. ● White wax. Derevative of coconut oil, stabilizer. ● Weißer Wachs. Kokosölderivat. Stabilisator. ● Cire blanche, dérivée de l'huile de noix de coco. Stabilisateur.

## Cetyl palmitate
Witte was, afgeleid uit kokosolie. Kunstmatige vervanging van was die vroeger werd verkregen uit walvissen. Stabilisator. ● White wax. Derivative of coconut oil, previously made from wax which was obtained from whales. ● Weißer Wachs. Kokosölderivat. Früher hergestellt von Wachs aus Walfischen gewonnen. ● Cire blanche, derivée de l'huile de noix de coco. Un remplaçant artificiel de la cire autrefois des cétacés.

## Citric acid
Citroenzuur. Conserveringsmiddel.● Preservative● Zitronensäure. Konservierungsmittel.● Acide citrique. Agent de conservation.

## Coco glycerides
Lichte smeltwas, afkomstig uit kokosolie. Goede spreidingseigenschappen op de huid.● White meltwax, made from coconut oil. Good spreading properties on the skin.● Weißer Schmelzwachs. Kokosölderivat.  Mit gutem Ausbreiteigenschafte auf der Haut.● Cire légèrement fondante, obtenue de l'huile de noix de coco, facilite l'étalement sur la peau.

## Copal
Natuurlijke hars, afkomstig uit tropische planten. Kleefmiddel.● Natural resin, obtained from tropical plants, an adhesive.● Natürlicher Harz aus tropischen Pflanzen. Klebemittel.● Résine naturelle, obtenue des plantes tropicales. Agent adhésif.

## Cosmetic colours

Kosmetische kleurstoffen. Gebruikt worden kleurstoffen met een hoge zuiverheid. Zij voldoen aan de E.E.G.-en/of aan de strengere Amerikaanse eisen. Men kan twee groepen onderscheiden: Organische kleurstoffen, kleurstoffen gemaakt uit delfstoffen, b.v. koolstof. Anorganische kleurstoffen, vervaardigd uit metaaloxide en mineralen. Vroeger waren veel kleurstoffen mineraal. Tegenwoordig worden ze kunstmatig gemaakt, waardoor een zeer hoge graad van zuiverheid bereikt kan worden. De struktuur van de kleurstof blijft gelijk en vaak is het mogelijk een intensievere kleur te bereiken. Op blz.95 is een lijst opgenomen met de namen van de kleurstoffen en de Grimas-kleuren waarin zij verwerkt zijn.

We use colours with high purity. They comply with the E.E.G. and/or the stricter American regulations. There are two different groups: Organic colours, colours made from minerals. Anorganic colours, made from metal oxidation. In the past many colours were mineral. Nowadays they are made artificially, so a high grade of purity can be obtained. The structure of the colour stays the same and it is often possible to obtain a more intensive colouring matter. On page 95 a list is included with the names of the colours and the Grimas colours in which they are used.

Kosmetische Farbstoffe. Benutzt werden Farbstoffe mit großer Reinheit. Sie genügen den E.G.-Normen und/oder den strengeren amerikanischen Anforderungen. Man unterscheidet zwei Gruppen: Organische Farbstoffe, Farbstoffe hergestellt aus Mineralen, z.B.Kohlenstoff. Anorganische Farbstoffe, hergestellt aus Metall Oxidation. Früher waren viele Farbstoffe mineralischer Herkunft. Gegenwärtig werden Sie künstlich hergestellt, wodurch ein sehr hoher Grad an Reinheit erreicht werden kann. Die Struktur des Farbstoffs bleibt unverändert und oft ist es möglich eine intensivere Farbe zu erreichen. Auf Seite 95 ist eine Liste aufgeführt, die die Namen der Farbstoffe beinhaltet und in welchen Grimasfarben sie verwendet werden.

Colorants pour produits cosmétiques. Les produits les plus purs sont utilisés. Conformes aux normes de la C.E.E. et/ou aux normes américaines plus sévères. On distingue deux groupes:Colorants organiques, obtenus des minéraux, p.e. le carbone. Colorants inorganiques, obtenus des oxydes des métaux et des minéraux. Autrefois, plusieurs colorants existaient à l'état minéral. De nos jours, ces colorants sont obtenus synthétiquement, garantissant un degré élevé de pureté. La structure du colorant n'est pas modifiée, on obtient souvent des couleurs plus intenses. A la liste p.95, les noms des colorants sont indiqués les couleurs Grimas auxquelles ils sont incorporés.

### D. Decyl oleate
Vloeibare was, vervaardigd uit kokosolie ● Fluid wax, made from coconut oil ● Flüssiges Wachs, Kokosölderivat. ● Cire liquide, obtenue de l'huile de noix de coco

### Dialkyldimethylpolysiloxane
Afleiding uit siliconenolie. Bevordert kleurintensiteit. Menghulpmiddel ● Derivative from silicon oil.Mixing aid. Stimulates colour-intensity ● Silikonölderivat. Mischhilfsmittel. Stimuliert Farb-Intensität.● Dérivé de l'huile à la silicone, favorise l'intensité des couleurs et le mélange.

### Dimethicone
Siliconenolie of hars, afkomstig uit silicium zandkorrels. Wordt o.a. gebruikt als lossingsmiddel, anti-schuimmiddel en is waterafstotend ● Silicon oil or -resin, made from grains of sand. It is used as an anti-adhesive, and anti foaming agent, and is water repellant. ● Silikonöl oder Harz aus Silikonsand. Wird u.a. als Lösungsmittel, Anti-Schaummittel benutzt und ist wasserabstossend. ● Huile à la silicone de résine, provient des grains de sables,silicium.S'emploie entre autres comme agent de démoulage, agent antimousse. Imperméable.

### E. Ethyl alcohol
Alcohol, vervaardigd uit melasse van de suikerbiet of suikerriet. ● Alcohol, made from the molasses of sugar-beet or sugar-cane. ● Alkohol, hergestellt aus Melasse der Zuckerrübe oder des Zuckerrohrs. ● Alcool, obtenu de la mélasse de la betterave à sucre ou de la canne à sucre.

### 2-Ethyl-hexyl-2-ethyl hexanoate
Zeer lichte olie, die goed door de huid wordt opgenomen. ● Very light oil, is good assimilated by the skin. ● Sehr leichtes Öl, assimiliert gut durch die Haut. ● Huile très légère, bien absorbeé par l'épiderme.

### F. Fluorocarbon
Oplosmiddel voor siliconenhars. ● Solvent for silicon-resin. ● Lösungsmittel für Silikonharz. ● Agent de disolution de la résine au silicone.

### FD + C Red
Rode kleurstof die volgens de Europese en Amerikaanse zuiverheidsnorm geschikt is om in voedsel te gebruiken.●Red colour, according to European and American standards suitable for use in food. ● Roter Farbstoffe der laut der europäischen und amerikanischen Reinheitsnormen geeignet ist, um in Nahrungsmitteln benutzt zu werden. ● Colorant rouge, conforme aux normes de pureté européennes et américaines, peut s'employer dans les aliments.

### G. Glyceryn
Produkt, dat vrijkomt bij de verzeping van natuurlijke vetten en oliën. Vochtvasthouder. Voorkomt uitdroging. Verdikkingsmiddel en drager van kleurstoffen. ● Product which is liberated by soaping with natural fats and oils. Moisture, prevents drying-out. Thickener and carrier of colours. ● Produkt, das beim Verseifen von natürlichen Fetten und Ölen freikommt. Hält Feuchtigkeit fest, beugt Austrocknen vor. Verdicker und Träger von Farbstoffen. ● Produit, libéré par la saponification des graisses naturelles et des huiles. Retient l'humidité, prévient le dessèchement, agent épaissisant et porteur de colorants.

### Glyceryl Stearate
Afgeleide van kokosolie. Hulpmiddel om water en olie te binden. ● Derivative of coconut-oil; an aid for binding oil and water. ● Kokosölderivat. Hilfsmittel um Öl und Wasser zu binden. ● Dérivé de l'huile de noix de coco. Favorise la liaison de l'huile et de l'eau.

### Glyceryl Abiëtate
Gezuiverde colophoniumhars, afkomstig uit de pijnboom. Kleefmiddel. ● Purified colophonium resin, coming from the pine tree, an adhesive. ● Gereinigtes Kolophoniumharz der Kiefer. Klebemittel. ● Résine de pin purifiée. Agent adhésif.

### H. Hydrated Silica
Zeer fijn vermalen kiezelzandkorrels. Vochtabsorberend en bevordert de vloei van poeders. ● Very fine ground silica. Moisture absorber. Aid for flowing of powders. ● Sehr fein gemalene Kieselsandkörner. Feuchtigkeitsabsorbierend und fördert das Fliessen von Puder. ● Sable caillouteux pulvérisé. Absorbe l'humidité et favorise le déversement des poudres.

### Hydroxy Ethyl Cellulose
Verdikkingsmiddel, gemaakt van houtvezels. ● Thickener, made of wood-fibre. ● Verdicker aus Holzfasern. ● Agent épaississant, obtenu des fibres de bois.

### I. Iron oxides
Kunstmatig vervaardigde kleurstoffen met een hoge zuiverheidsgraad, ter vervanging van natuurlijke ijzeroxides. Zie ook Cosmetic Colours. ● Artificially made colours with a high purity, used instead of natural iron oxides. ● Künstlich hergestellte Farbstoffe mit hohem Reinheitsgrad, zum Ersatz von natürlichen Eisenoxiden. Siehe auch: Cosmetic Colours. ● Colorants obtenus artificiellement, au degré élevé de pureté, remplacent les oxydes de fer naturels. Voir aussi: Cosmetic colours (couleurs des cosmétiques).

### Isopropyl alcohol
Alcohol afkomstig uit aardolie. ● Alcohol made from mineral oil. ● Alkohol aus Erdöl. ● Alcool obtenu de l'huile minérale.

### Isoparaffin
Gezuiverde en ontgeurde petroleum. ● Purified odourless petroleum. ● Gereinigtes und von Geruch befreites Petroleum. ● Pétrole raffiné et inodore.

### L. Lanoline Alcohol
Wolwasalcohol, afleiding van schapenwolvet. Smeltpuntverhoger. Menghulpmiddel. ● Derivative of sheep's wool oil. Raises melting point, mixing aid. ● Wollwaschalkohol Derivat vom Schafswollfett. Erhöht den Schmelzpunkt. Mischhilfsmittel. ● Alcool pour nettoyage de la laine, dérivé de la graisse de laine de mouton. Elève le point de fusion, facilite le mélange.

### Lanolin oil
Gezuiverde olie van schapenwolvet. Menghulpmiddel om water en olie te binden. ● Purified oil of sheep's wool. A mixing aid for binding oil and water. ● Gereinigtes Öl vom Schafswollfett. Mischhilfsmittel, um Wasser und Öl zu binden. ● Huile purifiée de la graisse de laine de mouton. Favorise la liaison de l'eau et de l'huile.

### M. Magnesium Aluminium Silicate
Delfstof uit klei en kiezel. Stabilisator. Vulmiddel. ● Mineral from clay and silica. A stabilizer and filling aid. ● Mineral aus Lehm und Silizium. Stabilisator. Füllmittel. ● Minéral dérivé de l'argile et du silicium. Stabilisateur. Mastic.

### Magnesium Carbonate
Organisch zout gemaakt van de slangesteen uit India. Houdt poeders luchtig. Pershulpmiddel. ● Organic salt, made from the Indian snake stone. Keeps powders light. Pressing aid. ● Organisches Salz, hergestellt aus dem indischen Schlangenstein. Hält Puder luftig. Presshilfsmittel. ● Sel organique obtenu de la serpentine de l'Inde. Aère les poudres. Agent de densité.

### Magnesium stearate
Kunstmatig vervaardigd poeder van magnesium carbonate en stearine zuur. (stearic acid). Bevordert de hechting van poeder op de huid en voorkomt klontvorming. ● Powder artificially made from magnesium carbonate and stearic acid. Prevents clotting and is beneficial for adherence to the skin. ● Künstlich hergestelltes Puder aus Magnesiumkarbonat und Stearinsaüre (stearic acid). Fördert die Haftung von Puder auf der Haut und verhindert Klumpenbildung. ● Poudre obtenu artificiellement du carbonate de magnésium et de l'acide stéarique. Favorise l'adhésion de la poudre sur l'épiderme et empêche la formation de grumeaux.

### Methyldibromoglutaronitrile(and)Phenoxyethanol
Conserveringsmiddel. Bestrijdt gisten, schimmels en bacteriën. ● Preservative. Active against yeast, mould and bacteria. ● Konservierungsmittel. Wirksam gegen Hefe, Schimmel und Bakterien. ● Agent de conservation. Combat la fermentation, moissisure et bactéries.

### Methyl Paraben
Conserveringsmiddel, bestrijdt gisten, schimmels en bacteriën. ● Preservative, active against yeast, mould and bacteria. ● Konservierungsmittel. Wirksam gegen Hefe, Schimmel und Bakterien. ● Agent de conservation, combat la fermentation, moissisure et bactéries.

### Mineral oil
Olie uit natuurlijke delfstoffen (aardolie). ● Purified mineral oil. ● Öl aus natürlichen Mineralen (Erdöl). ● Huile dérivée de minéraux naturels (huile minérale).

### Mica
Natuurlijke delfstof. Pershulpmiddel. Kleurstof. ● Mineral. Pressing aid. Colouring agent. ● Natürliches Mineral. Presshilfsmittel. Farbstoff. ● Minéral naturel. Agent de densité. Colorant.

### Microcrystalline wax
Gezuiverde was uit aardolie. ● Purified mineral wax. ● Gereinigtes minerales Wachs. ● Cire purifiée, obtenu de l'huile minérale.

### O. Octyl Dodecanol
Afleiding van kokosolie. Olie met goede mengeigenschappen. ● Derivative of coconut-oil. Oil with good mixing properties. ● Kokosölderivat. Öl mit guten Mischeigenschaften. ● Dérivé de l'huile de noix de coco. Favorise le mélange.

### Octyl Stearate
Afleiding van kokosolie. Olie. Goede mengeigenschappen. Wordt gebruikt voor binden van poeders. ● Derivative of coconut-oil. Good mixing properties. Used for binding powders. ● Kokosölderivat. Öl mit guten Mischeigenschaften. ● Dérivé de l'huile de noix de coco. Favorise le mélange. Liant pour poudres.

### Ozokerite
Smeltpunt verhogende was, afkomstig uit aardolie. ● Wax that raises melting point. Mineral. ● Wachs das Schmelzpunkt erhöht. Mineral. ● Cire, élève le point de fusion.Obtenue de l'huile minérale.

### P. Potato Starch
Aardappelzetmeel. Pershulpmiddel. ● Pressing aid. ● Kartoffelstärke. Presshilfsmittel. ● Amidon. Agent de densité.

### PEG Polyethyleenglycol
Wateroplosbare, olie-achtige stof met goede bindende eigenschappen. ● Watersoluble oily fluid with good binding qualities. ● Wasserlösliches, künstliches Glyzerin mit guten bindenden Eigenschaften. ● Substance huileuse, se dissout dans l'eau, agent épuissisant.

### PEG 7 Glyceryl Cocoate
(zie boven). Afleiding van kokosolie. ● (see above). Derivative of coconut-oil. ● (siehe oben). Kokosölderivat. ● (voir ci-dessus). Dérivé de l.huile de noix de coco.

### PEG 8
(zie boven) ● (see above) ● (sie oben) ● (voir ci-dessus)

### PEG 40 Hydrogenated Castor oil
(zie boven). Afleiding van ricinusolie. ● (see above). Derivative of castor oil. ● (siehe oben). Rizinusölderivat. ● (voir ci-dessus). Dérivé de l'huile de ricin.

### PEG 75 Lanolin Oil
(zie boven). Afleiding van lanolineolie. ● (se above). Derivative of lanolin oil. ● (siehe oben). Lanolinölderivat. ● (voir ci-dessus). Dérivé de l'huile de lanoline.

### PEG 2 Stearate
(zie boven). Stabilisator. ● (see above). Stabilisor. ● (siehe oben). Stabilisator. ● (voir ci-dessus). Stabilisateur.

### PEG 20 Glyceryl Stearate
(zie boven) ● ( see above) ● (sie oben) ● (voir ci-dessus)

### Phenoxyethanol
Versterkt de werking van conserveringsmiddelen. ● Activates preservatives. ● Aktiviert Konservierungsmittel. ● Renforce l'activité des agents de conservation.

### Potassium Carbonate
Zuurgraadregelaar. ● Acid regulator. ● Reguliert Saüre. ● Régulateur du degré d'acidité.

### Paraffin
Gezuiverde was uit aardolie. Verhoogt smeltpunt en stabiliteit. ● Purified wax from mineral oil. Raises melting point and stability. ● Gereinigter Wachs aus Erdöl. Erhöht den Schmelzpunkt und die Stabiltät. ● Cire purifiée obtenue de l'huile minérale.Elève le point de fusion et la stabilité.

**Perfume**
Parfum. Geurstofsamenstellingen om hinderlijke grondstofgeuren niet de boventoon te laten voeren. ● Perfume compositions to prevent the inconvenient smell from raw material dominating. ● Parfüm. Geruchsstofzusammensetzung, um störende Grundstoffgerüche nicht überherrschen zu lassen.● Parfum. Composition d'aromatisants qui ont pour but de camoufler les odeurs désagréables des matières premières.

**Petrolatum**
Vaseline, afkomstig uit aardolie. ● Vaseline, coming from mineral oil. ● Vaseline aus Erdöl. ● Vaseline, obtenue de l'huile minérale.

**Polyester/Glitter**
Fijne kunststofdeeltjes. ● Very fine synthetic particles. ● Feine Kunststoffteilchen. ● Fines paillettes synthétiques.

**PVP-VA Copolymer**
Kunstmatige stof, ontwikkeld als infuusvloeistof. Filmvormer, voorkomt afgeven van kleurstoffen. ● Artificial matter, developed as infusion fluid. Forms a thin filmlayer. Prevents staining of colours. ● Künstlicher Stoff, entwickelt als Infusionsflüssigkeit. Filmformer, verhindert abfärben von farbstoffen. ● Substance synthétique à l'origine conçue comme fluide de perfusion. Favorise la formation de film, empêche les couleurs de déteindre.

**Polyethylene**
Kunstmatige was. Harde was. Smeltpuntverhogend. ● Artificial hard wax. Raises melting point. ● Künstlicher Wachs. Harter Wachs. Erhöht den Schmelzpunkt. ● Cire artificielle. Cire dure. Rehausse le point de fusion.

**Propyl Paraben**
Conserveringsmiddel, werkzaam tegen gisten, schimmels en bacteriën. ● Preservative, active against yeast, mould and bacteria. ● Konservierungsmittel, wirksam gegen Hefe,Schimmel und Bakterien. ● Agent de conservation. Combat la fermentation, moississures et bactéries.

**S. Sodium Cetearyl Sulfate**
Afleiding van kokosolie. Binder van water en olie. ● Derivative of coconut oil. Binder of water and oil. ● Kokosölderivat. Bindet Wasser und Öl. ● Dérivé de l'huile de noix de coco. Liant de l'eau et de l'huile.

**Sorbitol**
Sorbitol komt in de natuur voor in de lijsterbes en allerlei soorten fruit. Wordt kunstmatig gemaakt uit glucose. Stabilisator. Zoetstof. ● Sorbitol appears in nature in the rowan berry and all kinds of fruit. Is artificially made from glucose, stabilizor, sweetener. ● Sorbitol kommt in der Natur in Vogelkirschen und mehreren anderen Obstsorten vor. Wird künstlich aus Glucose hergestellt. Stabilisator. Süsstof. ● Sorbitol se trouve dans la nature, les sorbes et dans toutes sortes de fruits. S'obtient artificiellement du glucose. Stabilisateur. Edulcorant.

**Sheabutter**
Vervanging van cacaoboter. Heeft goede verzorgende eigenschappen. ● Replacement for cocoabutter. Good caring properties. ● Ersatz für Kakaobutter. Gute pflegende Eigenschafte. ● Remplace le beurre de cacao. Présente de bonnes caractéristiques de soin.

**Sulfur**
Zwavel, heeft vetregulerende eigenschappen. ● Has grease-regulating properties. ● Schwefel. Hat fettregulierende Eigenschafte. ● Soufre. Régulateur des corps gras.

**Stearic Acid**
Stearine zuur. Vetzuur afkomstig uit katoenzaadolie en palmolie. Antiklontermiddel. ● Fatty acid coming from cottonseed oil and palm oil. Anti clotting agent. ● Stearinsäure. Fettsäure aus Baumwollsamenöl und Palmöl. Antiklumpmittel. ● Acide stéarique. Acide gras obtenu de l'huile de coton et de l'huile de palme. Empêche la formation de grumeaux.

**Synthetic Resin**
Kunstmatig vervaardigde hars met grote kleefkracht. ● Artificially made resin with strong adhesive properties. ● Künstlich hergestellter Harz mit grosser Klebefähigkeit. ● Résine synthétique à forte adhésion.

**T. Talc**
Talk. Mineraal poeder uit de speksteen. Kleurstof. Goede verspreiding van make-up op de huid. ● Mineral powder. Colouring-matter. Spreads make-up equally on the skin. ● Talk. Mineralpuder aus Speckstein. Farbstoff. Gute Verteilung von Make-up auf der Haut. ● Talc. Poudre minérale obtenue de la pierre de lard. Colorant, bonne répartition du maquillage sur l'épiderme.

**Tetrasodium EDTA**
Sodiumzout. Stabilisator. Verhoogt de houdbaarheid. ● Sodiumsalt. Stabilizor. ● Sodiumsalz. Geliermittel. ● Sel de sodium. Stabilisateur. Améliore la stabilité

**Titaniumdioxide/Titanium Dioxide Coated Mica**
Kleurstof. Zie: Cosmetic Colours en Mica. Wordt gewonnen uit het mineraal ilmeniet. ● Colouring matter. See: Cosmetic Colours and Mica. Is obtained from minerals such as anastase and ilmenite. ● Farbstoff. Siehe: Cosmetic Colours und Mica. Wird aus Mineralien wie Anastase und Ilmenit hergestellt. ● Colorant. Voir: Cosmetic Coloura et Mica. S'obtient du minéral d'ilmenite.

**Tocopherol(and)BHT**
Conserveringsmiddel. Voorkomt ranzigheid. ● Preservative. Prevents rancidness. ● Konservierungsmittel. Verhindert Ranzigwerden. ● Agent de conservation. Empêche le rancissement.

**Triethanolamine**
Kunstmatig-gemaakt verzepingsmiddel. Olie en water binder. ● Artificially made soaping agent. Binder of oil and water. ● Künstlich hergestelltes Verseifungsmittel. Bindet Öl und Wasser. ● Agent de saponification obtenu artificiellement. Liant de l'eau et de l'huile.

**X. Xanthan gum**
Geleermiddel. Verhoogt stabiliteit. Wordt ook in voedingsmiddelen gebruikt. ● Gelling agent. Raises stability. Is also used in foodstuffs. ● Geliermittel.Erhört Stabilität. Auch verwendet in Nahrungsmittel. ● Agent de gélification. Régulateur de stabilité. S'utilise également dans l'industrie alimentaire.

**Z. Zinc Stearate**
Kunstmatig vervaardigd poeder van stearinezuur (stearic acid). Kleurstof. Goed hechtend zacht poeder. ● Artificially made powder from stearic acid. Dye-stuff. Soft powder with good adhesion. ● Künstlich hergestelltes Puder aus Stearinsäure (stearic acid). Farbstoff. Gut haftendes weiches Puder. ● Poudre obtenue artificiellement de l'acide stéarique. Colorant. Poudre douce, bien collante.

**Zinc laurate**
Verwant aan Zinc Stearate, met goede waterafstotende eigenschap. ● Related to Zinc stearate. Good waterrepellent properties. ● Nahe verwandt Zinc Stearate. Hat gute Wasserabweisende Eigenschafte. ● De la famille du Zinc Stearate. Présente de bonnes qualités imperméables.

| Cosmetic Colours | Gebruik in Grimas kleurnummers<br>Use in Grimas Colours<br>Gebrauch in Grimas Farben<br>Utilisation dans les numeros des coloris Grimas |
|---|---|
| Aluminium Powder | 701 |
| Bronze Powder | 702-703 |
| D&C Blue No.1 Aluminium Lake | 301-3.1-402-405-407-4.5-734 |
| D&C Red No. 36 | 201-401-407-501-503-553-554-583-5.3-5.12-5.13-5.14-5.15-741<br>754-75.12-75.13-75.14 |
| D&C Red No.6 Barium Lake | 282-501-502-505-532-533-540-541-542-550-552-554-584<br>5.1-5.2-5.5-5.10-5.18-601-602-751-752-761-75.1-75.2-75.5-75.9<br>75.10-75.12-75.17-1003-1012 |
| D&C Red No.7 | 504-544-545-575-5.4-5.11-75.4-75.11-75.17 |
| D&C Red No.7 Calcium Lake | 505-506-533-534-541-561-581-582-584-5.5-5.6-5.8-5.9-5.10<br>601-602-680-751-753-761-762-75.3-75.5-75.6-75.8-75.9-75.10<br>75.17-75.21-76.1-6.3 |
| D&C Red No.27 Aluminium Lake | 530-542-543-570-571-572-573-574-75.21 |
| D&C Red No.34 | 507-5.4-5.7-5.14-5.16-5.17-75.3-75.4-75.7-75.14-75.16 |
| D&C Yellow No.10 | 203-281-282-283-402-403-405-406-407-408-480-481-482-483<br>484-485-486-4.5-4.3-2.3-4.9-5.12-741-743-745-74.1-75.12 |
| E 153 | 101-1.1-385-386-487-488-564-565-566-5.7-713-75.7-1001 |
| FD&C Red No.4 | Blood B |
| FD&C Yellow No.5 Aluminium Lake | 201-203-283-401-402-403-405-406-407-480-5.13-723-743-74.2<br>756-1011 |
| Ferric Ammonium Ferrocyanide | 301-302-304-3.1-3.2-401-402-403-405-406-407-380-381-384<br>385-386-408-480-481-482-483-484-485-486-487-488-4.3-4.9<br>571-572-573-6.3-732-733-744-745-73.1-73.2-74.1-75.3 |
| Food Red 7 | Blood A - Blood capsules |
| Iron Oxides | All skin tones    101-202-104-404-105-530-533-542-543-550-552<br>560-561-564-565-566-580-5.15-5.16-5.18-5.19-5.20-5.13-575<br>781-782-712-755-756-7.2-75.3-75.4-75.13-75.14-75.15-75.16<br>75.17-75.19-75.20-78.1-880-881-882-883-Mascara-BR-BL |
| Mica | Lipstick mat-rouge mat-eyeshadow mat |
| Pigment Blue 15 | 301-302-304-401-402-403-405-406-407-731-741-74.2 |
| Titanium Dioxide | All skin tonés and bright colours, except 101-1.1-1001 |
| Titanium Dioxide Coated Mica | lipstick pearl - eyeshadow pearl |
| Ultramarine Blue | 303-304-402-405-407-382-383-484-485-486-601-602-680<br>732-743-744-73.1-76.1-Mascara BL |